听

幸福花开

丰宁满族自治县第六小学教育札记

苗雅梅◎主编

安徽师范大学出版社
ANHUI NORMAL UNIVERSITY PRESS

·芜湖·

图书在版编目(CIP)数据

听,幸福花开:丰宁满族自治县第六小学教育札记 / 苗雅梅主编.— 芜湖:安徽师范大学出版社,2023.10

ISBN 978-7-5676-6255-1

Ⅰ.①听… Ⅱ.①苗… Ⅲ.①小学—教学研究 Ⅳ.①G622.0

中国国家版本馆CIP数据核字(2023)第130486号

听,幸福花开——丰宁满族自治县第六小学教育札记   苗雅梅◎主编
TING XINGFU HUAKAI—FENGNING MANZU ZIZHIXIAN DI-LIU XIAOXUE JIAOYU ZHAJI

责任编辑:吴 琼	责任校对:王维民　徐思嘉　丁馨文
装帧设计:王晴晴　汤彬彬	责任印制:桑国磊

出版发行:安徽师范大学出版社

芜湖市北京中路2号安徽师范大学赭山校区

网　　址	http://www.ahnupress.com/
发 行 部	0553-3883578　5910327　5910310(传真)
印　　刷	江苏凤凰数码印务有限公司
版　　次	2023年10月第1版
印　　次	2023年10月第1次印刷
规　　格	700 mm×1000 mm　1/16
印　　张	22.5
字　　数	324千字
书　　号	ISBN 978-7-5676-6255-1
定　　价	65.00元

凡发现图书有质量问题,请与我社联系(联系电话:0553-5910315)

看，这漫山遍野的映山红

——读丰宁六小《听，幸福花开——丰宁满族自治县第六小学教育札记》

刘殿波（河北省教育厅校外教育培训监管处处长）

2018年，我来到落成不久的丰宁满族自治县第六小学，一下子被这所宽敞美丽的坝上学校所吸引。然而，更加吸引我的，是这所学校的苗雅梅校长。她边带我参观校园校舍，边侃侃而谈。从学校的发展思路、学校文化建设、教师队伍成长、教育教学改革，谈到儿童绘本阅读在小学教学中的作用。我们的教育理念相通，对学校的发展规划思路相合，虽然初次相见，却如久别好友。那以后，因各种因素我们五年不见，但是联系却从未中断。我们经常通过微信交流关于学校管理和教育教学的一些想法和心得。

前些日子，苗校长发给我《听，幸福花开——丰宁满族自治县第六小学教育札记》的初稿。单凭"听，幸福花开"这一美丽的名字，我就迫不及待地翻看起来。全书分为四个部分，学校管理、教育教学、教师教研、学生成长都涵盖其中。通过苗雅梅校长和学校几十位教师对师生学习生活中点点滴滴的真实记录，让我看到了这所城镇新建小学的成长历程。虽然这本书中的文字还有些稚嫩，但是老师们对教育的真情实感、对教学的真知灼见、对学生的真心真意，都深深地感染了我。可以说，"真、善、美、智"是这本教育札记的最大特点，也是丰宁六小的真实写照。

真。全书每一篇文章都表现出教师对教育的不懈追求和真情实感。比如王宁老师在《打磨课堂》一文中写自己在一次语文课教学中，打破惯例没有频频提问，而是让学生们模仿课文中的情节，在轻松有趣的氛围中完成了所有的教学目标。课后反思这节课时，王宁老师觉得虽然算不上是一节特别精致的课，但这样的课堂却更值得享受。闵庭宇老师在《找准核心问题》一文中，描述了自己为怎么在课堂上给孩子讲得更明白而想策略。通过课堂实践她领悟到："然而通过让孩子尝试自己解决，课堂教学效果很好。这也许就是邓主任常说的：'对孩子要该放手的时候放手，该扶的时候再扶。而且核心问题要找准，步步为解决核心问题服务。'虽然整堂课我都是被孩子们'牵着鼻子走'，但孩子们热情高涨，我也轻松愉快！"

善。教师在教育教学中对学生的真爱，就是教育中最大的"善"，这种"善"的光辉时时闪现在一篇篇札记中。如徐莉娜老师的《一起向未来，幸福去远航》中，就展现出自己由衷的感慨和喜悦："六小的生活，总是带给我很多新鲜感，听了政教处开学典礼的创意元素——火炬、歌曲、轮滑，我眼前一亮。和这些年轻人在一起，我的生活充满了挑战与新意，不由得也激情澎湃起来，当《一起向未来》的歌曲与《幸福起航》巧妙地衔接在一起时，奥运精神便与我们的幸福教育紧密相连。新学期让我们擂起战鼓，火力全开，一起向未来，幸福去远航！"

苗雅梅校长在观察到学生年龄越大越不爱表达时，反思是不是所有班级都是这样，是不是这已然成为一条板上钉钉的铁律？通过观察思考，她在《不要沉默的课堂》一文中提出："好的课堂氛围一定来源于优秀的教学设计。课前的充分准备，课上的行云流水，都会深深吸引孩子目光。随着教师的思路，随着文字的品味，随着情绪的渲染，孩子会慢慢适应课堂氛围。"字里行间，处处体现着她对学生成长的关心和爱护。正是这种"善"的光辉，让她和老师们在教育教学中不断发现问题、提出问题、解决问题。

美。札记中一篇篇小小的随笔不仅体现出文字之美，更体现出教育

之美。如徐莉娜在《童话》一文中写道："乘着想象的翅膀，游历奇妙的童话王国，看花儿跳舞，听星星唱歌。童话是孩子们的精神乐园，孩子是童话最好的契合者。孩子们常常不知不觉就和童话中的人物融为一体了。"这样的课堂，如何让孩子不爱学习？吕丽华在《走着走着花就开了》中描写自己与孩子们共度的二十余载光阴时，文字中流露出的是记忆深处教育的美好："走过春秋冬夏，历经线上线下。二十多年的教学生涯，送走了一批又一批的娃，内心依旧繁华。无情寒暑催白发，我在变老，而孩子们在慢慢长大。总有一些不经意的瞬间，让心里的一角被融化。"

智。整本书让我印象最深刻的，就是六小老师的教育智慧。如苗雅梅在《走进生活，解决问题》一文中，通过五年级老师的一节解决问题课——"分段计费的实际问题"，思考小学数学与生活实际联系的必要性，提出如何利月这种联系提高数学教学效果的策略，具有非常高的教学价值。李长利老师则在《培养孩子动手操作能力》一文中，提出科学教育的重要价值。她通过让孩子们栽种四盆大蒜这一看似很简单的事情，了解到现在学校科学教育的欠缺和学生动手操作能力的不足，提出解决问题的策略和办法。苗雅梅校长的札记中有这样一段感悟，我深有同感。她说："很多老师，尤其从高年级转到低年级的老师，教学中时常产生这样的困惑：这么浅显的文字，这么简单的内容，到底要教些什么？怎么教呢？对此，我想到了十多年前承德市一位语文教学专家曾这样概括，低年级教学要抓住三点：多读一点，少讲一点，扎实一点。说的就是教师在课堂上一定要精讲，以各种形式的'读'为主，同时教学要扎实到位。"

通读《听，幸福花开——丰宁满族自治县第六小学教育札记》，里面一篇篇小文就像一个个点，读完众多的点就在我头脑中形成了完整的面，让我看到了丰宁六小的教育教学成就，感受到了丰宁六小教师们热爱教育、精于教学、勤于思考的饱满精神状态。

苗雅梅校长在这本书的后记中感慨地写道："我希望，不管什么时

候，当我读到这些文字的时候，我的心中都会流淌着幸福，让这幸福的印记温暖我的教育人生。"是的，我在丰宁六小老师书写的小小的教育札记中，再一次感受到了教师成长的力量。一所学校只有不断引导教师阅读、写作，让阅读和写作成为教师应有的教育生活，才能真正成长为一所群众满意的高质量学校。

合上书，我思绪万千。《听，幸福花开——丰宁满族自治县第六小学教育札记》仿佛在召唤着我再去感受美丽的丰宁六小，召唤我去跟师生对话学习，召唤我去欣赏丰宁春日里漫山遍野的映山红，映红丰宁孩子们一张张幸福的笑脸。

刘殿波，儿童阅读研究者和倡导人。出版《幼儿园绘本阅读教程》，在各级刊物上发表百余篇儿童阅读和学校管理等方面文章。

目　录

桃 李 护 育

细 雨 润 物

三 省 三 思

春风育桃李，杏坛尽芳菲。无论时光如何变迁，教师都拥有岁月掩藏不了的执着与梦想。在漫漫的教育征程中，我们求真务实，踏浪而行，不断探究教学的真谛。用心上好每一堂课，让课堂成为滋养孩子心灵的沃土，用智慧将知识演绎得妙趣横生，让每一个生命绽放馨香！我们心怀热爱，摇动每一棵树，推动每一朵云，唤醒每一个灵魂。

（佟辉）

杏坛筑梦

一、教育有度

◎苗雅梅

关于教育，仁者见仁，智者见智。

有人倡导赏识教育、快乐教育。在他们眼里，没有教不好的孩子，只有不会教的老师。老师要善于发现孩子的闪光点，多表扬、激励，不要总是盯着孩子的缺点，尽量避免批评教育，更不能实施惩戒，否则会挫伤孩子的自尊心、自信心，让孩子的童年失去快乐，甚至会给孩子造成一生的心理阴影。

有人对此不以为然，认为"严师出高徒"，传统教育中的惩戒绝不能丢失。就像给小树修枝剪杈一样，不修不直，不剪不长，要经常敲打敲打。于是，眼里不揉沙子，整天盯着孩子的短处，看哪儿都不顺眼，批评不断，训斥不止。

其实，对于教育，有各种各样的理念，无所谓谁对谁错，重要的是不偏激、不狭隘，要做到凡事有度，兼容并包。赏识教育很重要，好孩子都是"夸"出来的，但不能因此对孩子的缺点就装聋作哑，视而不见，任由其恣意蔓延。严格的教育方式也有可取之处，但不能固化呆板，冰冷刻薄，让学生享受不到教育的温暖，整日战战兢兢。

教育是育人的工作，具有极强的专业性，它需要多种能力。我觉得其中最重要的，就是教师要富有爱的情怀，更要有爱的本领，能把握爱的尺度。在教育过程中，学会恩威并施，刚柔并济，既能让孩子感受教育的温度，蓬勃热烈地成长，也能适时鞭策，让孩子学会冷静思考，正确面对，这样才能引领他们在人生道路上阔步前行。

这样的适度教育，才能成就孩子的美好明天！

二、创建幸福课堂

◎苗雅梅

草芽尖尖，他对小鸟说："我是春天。"

……

非常喜欢这首小诗歌《四季》，每年听课的时候，几乎都会与它相遇，也许老师们和我一样，对这样的小文情有独钟吧。

很多老师，尤其从高年级转到低年级的老师，教学中时常产生这样的困惑：这么浅显的文字，这么简单的内容，到底要教些什么？怎么教呢？对此，我想到了十多年前承德市一位语文教学专家曾这样概括，低年级教学要抓住三点：多读一点，少讲一点，扎实一点。说的就是教师在课堂上一定要精讲，以各种形式的"读"为主，同时教学要扎实到位。

学习《四季》这篇小文，应该先利用一课时把课文读得正确、通顺、流利，同时在文本学习时识记生字，积累一些识字方法，并学会书写生字。如果时间宽裕，还可以读一读识字通中的小文章，巩固生字的认读。这样就有效落实了"扎实一点"。

第二课时要求学生熟读成诵，了解四季不同的特点，并能够仿写诗歌。这是最考验教师设计和课堂把控能力的环节，很多老师感到迷茫，设计粗糙。那么到底怎样实现这个目标呢？以第一小节的内容为例，我认为可以这样设计：第一，请孩子们自由朗读（一定是自由朗读，而不

是拉长声音的齐读，自由读才能读出自己的思考）第一节，看看这一节写了春天的哪些景物。第二，给出引导语——"你见过尖尖的草芽吗？让老师带你一起走进春天的田野吧。"然后随机播放小草破土而出的视频，展现大地的生机。接着给学生进行语言训练，提问："小草除了尖尖的，还有什么特点？能像书中这样来说一说吗？"接着指导朗读这一句：尖尖的、嫩嫩的、绿绿的小草多可爱呀！通过自由读、想象读、示范读等多种形式，领会小草充满生机的形象。第三，提问："春天万物复苏，好多植物动物都跑出来透气了，快说一说，除了草芽和小鸟，你还看到了什么？"为了拓宽学生思路，可以展示春天的图片。然后指导朗读整小节，可以让学生摇头晃脑读，加动作读，边想象春天的画面边读。第四，达成背诵。

在这一节的教学中，用得最多的方式就是朗读，读中感悟，以悟促读。通过各种形式的朗读，学生不但了解到春天生机盎然的特点，还提高了语言感悟能力，也就是我们平常所说的语感。学生的语文素养就是在这样的点滴训练中逐步形成的。同时我们也有效落实了"多读一点、少讲一点"。

当然每一节的学习不可千篇一律，要学会寻找训练"点"，切忌盲目提问，要做到详略得当，张弛有度。当然还有很重要的一点，低年级老师的语言要充满童趣，让孩子的小眼睛、小嘴巴、小脑瓜情不自禁地追随老师，一刻都舍不得离开老师，这样的课堂才是有效而幸福的课堂。

三、打磨课堂

◎王宁

今天的语文课应该是开学以来最有趣的一堂课，内容是《陶罐和铁罐》。备课的时候，我发现平常用的课件思路总是理不太顺，于是便舍弃了课件，以讲授为主。本来还担心孩子们会毫无兴趣，结果却让人很意外，尤其是在通过朗读体会陶罐和铁罐的性格时，孩子们真是兴致高涨啊！

首先，我让同学们默读课文，分别画出陶罐和铁罐说的话，找到后就开始体会它们的性格特点。我让孩子们做一个动作来表现骄傲的样子，这时候有的同学抱着胳膊，有的同学叉着腰，真是傲慢十足。接着我让他们进行朗读。朗读"傲慢的铁罐子"说的话时，一个男生积极表现，声音洪亮，气势十足地读着："你敢碰我吗？铁罐子！"刚一读完，全班同学哄堂大笑，原来他把陶罐子读成铁罐子了。他顿时羞得满脸通红，我便趁机说："看来人确实不能太傲慢了，不然就会出错啊。"后来又找了几个同学试着读读"傲慢的铁罐子"，然后自由读。大家积极尝试，瞬间一个个都变成了骄傲自大的铁罐子了。我也想尝试一下，结果竟然跟第一个同学犯了同样的错误。我赶紧说，"唉，这是被传染了啊！"大家又是一阵大笑。

接着，我本想找同学朗读陶罐说的话，体会陶罐的谦虚。有位之前读过的男生把手举得高高的，表示还想要读陶罐说的话，我便把机会给

了他。读完以后，大家不约而同地给他送上了掌声，这在以前的语文课上从来都没出现过。看来大家认可他的朗读，认为他读出了陶罐的谦虚。我便趁热打铁，带着他们继续朗读继续体会，分别感受陶罐和铁罐的性格特点，大家特别轻松地就总结出了两个罐子的性格特点。

最后，我又让孩子去总结许多年后两个罐子的结局。孩子们回答以后，我追问为什么铁罐连影子都不见了，竟然有孩子回答是因为"氧化"。他们真是不可小觑啊。通过一前一后的对比，我提问孩子们从这个故事里明白了什么道理。大家纷纷谈着自己的感受：每个人都有自己的长处和短处，不能用自己的长处和别人的短处比，要互相尊重。

虽然不是一节特别精致的课，但是却在轻松有趣的氛围中完成了所有的教学目标，相比以前的频频提问，师生都更享受这样的课堂。今天的课堂没有人走神，那几个淘气的孩子也不用总是提醒，相信他们也喜欢这样的课堂。而我需要做的就是不断打磨自己的课堂，多反思自己的不足，提高课堂效率，让孩子们喜欢上语文课，爱上语文。

四、孩子们的寓言

◎徐莉娜

　　人教版《语文》教材三年级下册第二单元安排了若干寓言。第一篇是文言文《守株待兔》，第二篇是《陶罐和铁罐》，第三篇是《鹿角和鹿腿》，第四篇是《池子与河流》。通过教学这个单元，我发现三年级学生和寓言真是"绝配"。寓言天生就是幼儿的好伙伴，不但简单易懂，还有很强的导向性！

　　寓言就像一面镜子，通过别人的故事，给自己以警示。平时我们自以为生动的说教，讲一堆大道理，可能不如让孩子读这些有趣的寓言效果好。当然，孩子们读懂了，但其中的道理可能在大脑中一闪而过，不会留下深刻的印象。这就需要我们教师再添"一把火"，引导孩子深刻理解寓言的寓意，而不是死记硬背这些道理。让孩子明白故事中的寓意，其中的人物究竟哪里做错了，最关键的是让孩子结合生活实际扩展，让故事中的道理真正给他们启发和警示。

　　今天我们学了《池子与河流》。通过朗读，孩子们要弄明白三个问题：池子与河流平时各自的做法有什么不同？各自的志向有什么不同？各自的命运最后有什么不同？结合书中的语句，孩子们明白了池子懒惰，贪图安逸，喜欢过无忧无虑的生活，而河流奔流不息，胸怀大志，给人们带来益处，受人尊敬。最终池子枯竭了，而河流的水源源不断。我问孩子："咱们班有没有人是懒惰，不愿受学习的累，只喜欢得过且

过，敷衍应付的池子？"孩子们面面相觑，谁也不承认。于是我又问："那咱们班有没有勤奋的河流？他们志向远大，从不用别人督促，努力学习，奔腾不息，奋斗不止？"孩子们立刻说："谢昊轩，杨伊晗……"这些都是平时学习较好的同学，孩子们心中是有数的。最后，我鼓励大家："每个人都不想做懒惰的池子，都想做有理想的河流，那就从现在开始努力，在学习上不偷懒，认真完成学习任务，让自己的生命更加精彩有价值！"从孩子们的表情看，他们这次似乎听懂了。

寓言短小精悍，适合三年级学生的接受水平。让这些经典做指路灯，引领纯洁无瑕的蒙童继续在真善美的道路上前行！

五、找准核心问题

◎闵庭宇

　　今天我们学习的是一位数的除法。上课后，我出示了例9的习题，让孩子们说一说，掌握了什么信息，要解决的问题是什么？"够装"你是怎样理解的？之后，我又提问："你有什么办法来帮助王伯伯解决这个问题呢？"孩子们的答案很出乎我的意料。以下3种方法都是孩子未经讨论独立思考出来的：

　　方法一：8个≈10个

　　10×8=180个

　　180个<182个

　　答：不够装。

　　方法二：182个≈180个

　　180/8=22个……4个

　　18个<22个

　　22+1=23个

　　答：不够装。

　　方法三：18个≈20个

　　20×8=160个

　　160个<182个

　　答：不够装。

这节课前我一直在思索，怎样才能给孩子讲明白，要用什么方法让他们都能懂呢？我还非常担心孩子们因为接受能力有限，会导致课堂效果不好。然而通过让孩子尝试自己解决，课堂教学效果很好。这也许就是邓主任常说的："对孩子要该放手的时候放手，该扶的时候再扶。而且核心问题要找准，步步为解决核心问题服务。"虽然整堂课我都是被孩子们"牵着鼻子走"，但孩子们热情高涨，我也轻松愉快！

六、相信每个孩子都能学好

◎许伟

　　今天，怀着忐忑的心情上了一节"租船问题"。虽然这节课我也做了精心准备，但是课前心里还是没底，毕竟这个知识点对于孩子而言还是有一定的难度。

　　租船问题是在学生能正确计算有余数除法的基础上，提出了"至少"和"最多"这两个概念。在计算出余数后，还要进一步思考。通过不同的租船方法，向学生渗透优化思想。在多种方案中通过对比得出最佳方案，找到解决问题的方法。

　　考虑到学生基础不是非常好，本节课难度又比较大，我先将例题中的32人改为40人，降低难度，再让学生进行探究。在引导学生分析理解题意后，让孩子们独立完成，然后进行小组交流。在汇报过程中，出现了让我既意外又高兴的答案。小轩轩思维非常活跃，想到了4条大船4条小船的方案。这为后面建立"尽量租大船和不留空座"的模型提供了很好的思路。接下来，在探究32人的问题时，孩子们就轻松很多。

　　"相信每个孩子都能学好"真是至理名言。作为老师的我们就是要相信孩子，课堂上尽量放手，给孩子更大的舞台，留给孩子更多的空间去发散思维、开发自己的智力。教师要走下讲台，做好组织者、引导者、合作者，相信孩子们一定会给出令人满意的答案。

　　当然，这节课也存在一些问题。因为对学生不够放心，我在课前设

计了一个难度很低的练习，占用了 2 至 3 分钟时间，造成课堂练习时间不够，课上留给孩子交流的时间非常有限。

七、寓言故事教学

◎苗雅梅

　　小学语文课本中，编排了不少寓言故事：坐井观天、拔苗助长、守株待兔、亡羊补牢……何为寓言？即简短的故事中蕴含着深刻的道理，也就是我们常说的小故事大道理。那么，我们到底应该怎样开展教学，让学生通过故事明白其中的道理呢？

　　首先，解释题意。以"亡羊补牢"为例，我们可以采用不同的理解方法。如读题后，引导学生质疑，然后带着问题读课文，从中找答案，从而理解"亡"和"牢"两个难点。我们还可以出示"亡"的不同释义，通过读课文，选择正确含义。还可以展示"牢"字的演变过程，让学生结合文意理解。这样，通过联系文章或是"说文解字"就能轻松理解题目，让学生记忆深刻。

　　其次，理解内容。对《亡羊补牢》这篇小文，学习中要抓住哪些内容呢？一是抓"亡羊"，即丢了几次羊？为什么？同时通过人物对话，体会牧羊人知错不改、考虑问题片面的性格特点。二是抓"补牢"，为何补牢？牧羊人怎么想，怎么做的？可以引导学生展开想象：补羊圈时他在想什么？街坊看见可能会说些什么？如果不修羊圈，后果会怎样？从而体会牧羊人知道错误后，能够听取别人意见，改正错误，这样还不算晚的道理。

　　再次，体会寓意。在理解内容的基础上，让学生感悟寓言故事中蕴

含的道理：知错就改，未为晚矣！同时让学生结合生活实际谈一谈自己的体会，从而指导学生学会正确的生活态度和处事方法，达到知行合一的目的。

寓言虽小，道理却深刻。要达到理想的教育效果，还需要老师们在教学前认真备课，仔细揣摩。

八、激发思维，方显真章

◎苗雅梅

小学的课程包含众多学科，每一个学科都有各自的性质和功能，因此不同的课堂要展示其狙特的课程魅力。

部编版的数学教材，更加关注数学的生活性，强调数学思维的培养，注重数学建模的过程。在小学数学的四大领域中，数的运算贯穿始终，学生的计算能力对于学好数学起着至关重要的作用。那么怎样提高学生的计算能力呢？我想还要回归到数学课堂。

在我的理解中，计算课至少要做到三点：第一，明白算理。也就是为什么要这样计算。一筐装15盒草莓，3筐装多少盒草莓？为什么要用乘法而不是其他运算方法呢？因为一筐是15盒，3筐就是计算3个15盒是多少，所以用乘法。学生明白了算理，就不至于在独立解决问题时模棱两可。第二，掌握算法。也就是怎样计算。15×3，到底怎样计算呢？学生的计算方法可能会有多种，只要可行，每一种方法都值得肯定。教师再在此基础上总结、优化。第三，巩固练习。提高计算能力。练习可包括基础练习、变式练习、对比练习找规律等，有层次有梯度。练习的方式也可以灵活多样，开火车、口算、笔算、说算法或算理等。一节计算课，三个关键环节，每个环节当中都有对思维的训练。如果落实得好，学生一定能够学得扎实，算得又快又好。

凡是学生不愿参与、死气沉沉的计算课堂，一定是没能激发学生思

考，没有训练学生思维的课堂。环节的设计、问题的提出，都不够科学准确，学生不知道怎么回答，不知道老师到底要什么，每一步都脱离了学生的最近发展区，要么遥不可及，要么原地踏步，根本无法激发学生的学习兴趣。这种失败的课堂，源于备课的不充分，对教材的解读不透彻，不能把握运算课堂的基本规律，教学目标不明确，只是在灌输，到底教什么，要达到什么效果，教师自己心里也没有预期。集体备课可以帮一部分年轻教师提升备课能力，但有些时候它提供的只是一个框架，要想把握好，还需要个性化的深研细磨，自己先弄懂弄透，才能更好地传授给学生。

知之为知之，不知为不知，是知也！作为教师，教学研究的路很长，特别需要踏实严谨的态度。只有这样，我们才能不愧对我们的课堂和学生。

九、童 话

◎徐莉娜

　　乘着想象的翅膀，游历奇妙的童话王国，看花儿跳舞，听星星唱歌。童话是孩子们的精神乐园，孩子是童话最好的契合者。孩子们常常不知不觉就和童话中的人物融为一体了。

　　学习《卖火柴的小女孩》一文时，孩子们通过丰富的想象，同可怜的小女孩一起编织了奇妙的幻境，在美好与现实的对比中获得心灵的触动。学习《在牛肚子里旅行》时，孩子们和一对小蟋蟀在牛的几个胃中做了一次奇特的旅行，科学知识让孩子们开阔了眼界，朋友间的友谊感动了小小的心。今天我们又一起走进了《一块奶酪》的童话世界。蚂蚁队长纪律严明，在指挥小蚂蚁搬运粮食时，指令明确："今天搬运粮食，只许出力，不许偷嘴。谁偷嘴就要处罚谁。"在搬运中，蚂蚁队长用力过猛，拽下一块奶酪渣。这美味的食物，丢掉，可惜；偷吃，违禁。那诱人的奶酪，不要说吃，单是闻闻，都要让人流口水，他想要支开所有蚂蚁，好好想一想，但几次下令，小蚂蚁们依旧不动。眼睛望着别处，心却牵挂着那一点儿奶酪渣。多好笑的场景啊，孩子们定能感同身受，哪个孩子没有这样顾左右而言他的"装腔作势"过呢？在故事中孩子们能找到生活中自己的影子。最后，蚂蚁队长抵住诱惑，做出艰难的抉择，把奶酪渣给了年龄最小的一只蚂蚁。故事的结尾是，大家干劲更足了，奶酪一会儿就被搬过洞里去了。大家为什么劲头更足了？是因为蚂

蚁队长的行为鼓舞了大家，凝聚了大家的心。

孩子们整节课都沉浸在美妙的童话故事中，仿佛一会变成了蚂蚁队长，一会又变成了小蚂蚁。这引起了班级里小组长们思考，在平时管理小组成员时，是否也能像蚂蚁队长那样以身作则、关心弱小、指令明确、一视同仁？同时我引导同学们也想一想：你能不能做一只听从指挥，为集体贡献力量的小蚂蚁？我们的班级能不能像蚂蚁队伍那样团结友爱、纪律严明又充满温暖？孩子们异口同声说："能！"

正在这时，下课铃响了，大课间马上开始。适逢这几天课间秩序演练，我一声令下："小蚂蚁们，看你们的表现了，加油！"

十、生动的课堂

◎徐莉娜

乍用部编版教材，总觉得不顺手，仿佛老师发挥的地方少了，展现老师才学的空间没有了。可是用这套教材两年多，越发读懂了教材的内涵，领略了众多教育专家的良苦用心，感觉到这套教材更加注重培养能力，加强了对学习方法的指导。比如从三年级开始，就把"学习策略"单列出来了，这多是指向阅读的。还增设了专门的习作单元，直接指向写作。除此之外，每个"单元园地"中的交流平台系统地梳理了本单元的学习方法。虽然以前也提倡培养孩子的语文实践能力和在生活中学语文的理念，可是都没有这次教材改革这样落地，能够有针对性地提高孩子的语文素养。

就比如今天"单元园地"中的词句段运用板块，教材出示了两组词语，让孩子们说说读词语时眼前会浮现怎样的画面？并选择一两个词语写句子。第一组是"懒洋洋、慢腾腾、颤巍巍、兴冲冲"，这些表示动作的ABB式词语一出现，就让孩子们有很强的画面感。对于"颤巍巍"，孩子们不太理解。老师便举例，年事已高的老人走路不稳，摇摇晃晃的样子就是"颤巍巍"，孩子们恍然大悟，立刻又举例生病的病人走路也是"颤巍巍"。大家生动地描述着一幅幅画面，简直抑制不住那种急切想要表达的欲望。在生活中学词语，既能丰富自己的词汇量，又能提高写作能力。课堂上，我们意犹未尽，又开始拓展。当孩子们说出"光秃秃"一词时，又掀起了一次抢答高潮。大家争先恐后地描述爸爸不长头发的脑袋"光秃秃"，冬天枝叶落尽的树木"光秃秃"。

第二组是描述环境的词语"静悄悄、空荡荡、乱糟糟、闹哄哄"，孩子们有声有色地描述着脑中浮现的画面。整节课孩子们沉浸在五花八门的情境中，尽享语言文字的奥妙。接下来还进行了句段训练，让孩子以"车站的人可真多……"和"我喜欢夏天的夜晚……"为开头写一段话，练习围绕中心句组织语言。这需要孩子想象画面，组织语言，训练了孩子写作不跑题的能力。很多孩子在练习说一段话时不自觉地还用上了之前情境中的词语。

教材中词句段运用的设计可谓独具匠心，我们只有领会了编者的用意，才能把它运用得更好。

十一、快乐活动课

◎徐莉娜

　　为响应学校号召，减轻孩子们的学习压力，我们每科老师拿出一节课，领孩子们到室外活动，让孩子们痛痛快快玩。今天我有三节课，正好能拿出一节。

　　为了保证课间秩序，在教师集体教研期间，我给孩子们布置好作业，并且告诉他们如果遵守纪律，表现好，下午我领他们到操场上去活动，可以跳绳、跳皮筋、丢沙包、踢毽子……最后我又强调了一句，如果吵吵闹闹，作业完不成，活动取消。孩子们兴奋地吵嚷了几声，立刻埋头写起了作业。

　　当我回来时，发现教室安安静静，静得一根针掉下都能听得见。真奇怪，没有一位班干部在前面管理，我环视一圈，也没有其他老师在教室里。我明白过来，看来是我临走前的承诺起了作用。中午我一进班，就发现很多孩子带来了篮球和足球，既然孩子们这么重视，我绝不能辜负他们的期待。

　　终于到了第七节课，孩子们像一群放飞的小鸟，快乐地翱翔在大操场上，有的玩丢沙包、有的跑接力、有的玩皮筋、有的跳长绳。篮球场，足球场，都是奔跑的身影。我也跟孩子们踢起了球，瞄准球用力一脚踢下去，一股力量立刻传遍全身，这种感觉太棒了！一切压力烦恼都随之抛了出去，怪不得孩子们这么喜欢玩球。我连踢了几脚，哪管什么章法，小小的圆溜溜的球，滚动起来时菱形的图案飞转，好看极了。忽然又看见几个孩子在拍篮球，我连忙又参与进来，一边拍，一边抬腿从球上迈过去，这小小的伎俩引得孩子一阵喝彩。我又一使劲，把球拍得快到篮球筐那么高了，再接住继续拍，孩子们又是一阵惊呼。两个女孩来借长跳绳，可她们既不会摇绳，也不会跳绳，于是我抡起胳膊教她们摇绳。看着高高甩起的跳绳，她们吓得半天也不敢跳，我就跳给她们看。随着绳子的起落，我轻快地跳了过去，孩子们拍手叫好。可两个女孩还是因为跳的节奏与绳子的速度不同步，一个也跳不过去。我便耐心地示范，两个孩子也认真学习起来，跳着跳着，终于有个姑娘连跳了九个。我又跑到了另一边跟一群孩子跑接力。他们还不懂接力，好不容易组成队，人数却不均等，不过只要跑起来，就快乐起来了！

不知不觉已经到了下课的时间，孩子们一个个小脸红扑扑的，有的汗水湿透了额前的头发，但每个孩子眼睛都是亮亮的，笑容也是灿烂的。瑶瑶非要护送装活动器材的袋子回去，琪琪一边走一边说："回去我可以写一篇日记了。"我们怀着畅快无比却又意犹未尽的心情回去了，一想到接下来还有别的老师带他们出去玩，大家就更期待了。

孩子们生活在集体中，充分感受到快乐，他们就会更加热爱和珍惜在这里的每一天。想到这些，少一节语文课又算得了什么？

十二、奇妙的想象

◎徐莉娜

越来越喜欢部编版教材了，它的内容相比之前的版本更灵动，更利于孩子们语文素养的发展。

今天我们学习了《尾巴它有一只猫》。乍看这个题目，不明所以。读了文章，才知道原来介绍的是颠倒性的逆向思维，本来是猫有尾巴，可是尾巴却说它有一只猫，而且还理由充分——爸爸妈妈可以说拥有孩子，孩子也可以说自己拥有爸爸妈妈啊！听上去还挺有道理。孩子们微微笑了。另一条尾巴听见了，于是说自己也能拥有一条狗了，不用说，这说话的就是狗尾巴了。孩子们忍不住笑出了声。而狗听见了并不生气，说自己整天跟在人后面，那它就拥有一个人了！孩子们听了这种想法，终于忍不住哈哈大笑起来，并真切感受到了这种思维的奇妙。这故事不仅有趣，还为孩子们打开了一扇新的窗口——原来，事情这样想如此新奇有趣。接下来孩子们的想象便一发不可收拾了，各种奇奇怪怪的想法一一呈现出来，这正是本单元奇妙想象的要素，不拘泥于"合理"，只要大胆。孩子们沉浸在奇思妙想、天马行空的想象世界里，笑啊，说啊。也许有的并不那么合理，但却是孩子们最珍贵的思维宝藏。

孩子们是天生的梦想家，他们的大脑就是一个百宝箱，我们教师一定要保护好这份珍贵的想象力，有时百分之九十九的汗水都没有这百分之一的灵感重要。

十三、培养孩子的动手操作能力

◎李长利

这两天孩子们在学习探究大蒜的生长条件，我们的实验需要栽种四盆大蒜。因为我们用的"盆"是纸杯子，所以每盆要求栽种两三粒大蒜。对四盆大蒜生长环境的要求分别是：1.正常生长；2.无光照；3.无水养环境；4.无营养。

在栽种大蒜之前，我给孩子们讲解了怎样栽种这四盆大蒜，然后让孩子们先栽种一盆能够正常生长的大蒜。本以为是很简单的事情，结果在巡视过程中我发现，孩子们把大蒜栽得"五花八门""人仰马翻"。有的孩子还没有开始栽就把土弄洒了；有的孩子愣在那里看着同伴们栽大蒜，自己不动手；有的孩子分不清大蒜的根在哪里，头朝下根朝上就栽上了；有的孩子栽好了大蒜却不知道浇多少水。对于无营养的那盆大蒜，有部分孩子更是不能理解，甚至跟老师争论起来。他们认为，既然是无营养，那么为什么还要放蒸馏水？既然是无营养，就应该什么都不要放，放几瓣大蒜就好了。通过老师对蒸馏水概念的解释，孩子们明白了，蒸馏水里是没有营养的。

经过我再三强调，每一名同学都要动手操作，并学会小组合作，孩子们才后知后觉地动起手来。孩子们在栽大蒜的同时，我拿起扫把，一边巡视指导，一边当起了清洁工。

明明我在周末的时候就布置了让孩子们栽种大蒜的作业，多数的孩

子也把栽种好的大蒜带到了学校。可是通过观察课上栽种大蒜的实验操作过程，我真的怀疑有一部分孩子带到学校的那杯大蒜，不是他们自己亲手栽种的。

但是在课堂上，每个孩子都偷不得懒。通过一节栽种大蒜课的学习，孩子们不仅学会了动手，也明白了小组合作的重要性，可见这种实践操作课的重要性。

为了方便孩子们后期观察，我想是不是可以把栽种好的几组大蒜放在花园的角落里，这样孩子们就可以利用课间随时观察。孩子们通过观察得出实验结论和让孩子们直接背实验结论区别会很大，我相信到那时孩子们一定能够把实验结论自信又流利地说出来。

由此可见，小学科学课对培养孩子的动手操作能力真的很重要。

十四、策略单元怎么教

◎苗雅梅

　　《语文》教材改版后，每个学期都会出现一个"学习策略"单元，旨在教会学生关于阅读写作的学习策略，所以教学目标与主题单元完全不同。那么学习策略单元到底怎么教呢？结合今天六年级的一节语文课，谈谈我的看法。

　　《故宫博物院》是该单元的一篇说明文，属于独立阅读课文，要求学生在学习了前两篇精读课文的阅读策略后，运用所学方法自学文本，完成阅读任务。在阅读提示中，共有两项任务：一是结合文本材料，设计故宫博物院的游览路线图；二是向家人重点介绍故宫博物院中的一两个景点。根据提示，结合本单元带着任务进行阅读的目标，我想可以进行如下设计：

　　第一步，设计预习单，处理生僻字词，初步了解每一部分材料所写内容，避免学生课堂读课文、学习基础知识占用过多时间。这是高年级学生完全可以独立完成的内容。

　　第二步，回顾前两篇课文习得的阅读方法，为学习本文做好铺垫。

　　第三步，带着问题阅读文章。如出示第一个问题后，为学生创设和家人游览故宫博物院的学习情境，引导学生思考，要想完成这个任务，我们需要知道些什么？从哪些材料中获取信息？让学生小组讨论，结合情景去学习，带着任务去阅读。引导学生思考设计路线图之前，必须要

了解故宫的整体布局、重要景点、入口、出口等，那么，课文中的一、三、四部分涉及这些内容，我们就要选择这几部分材料重点阅读。接着追问，这几个部分的材料都要细细品读吗？通过小组讨论得出结论：当然没有必要，只需选择那些表示方位、地点的关键部分阅读即可。这就是阅读时对材料进行筛选的策略。最后提出建议："每个人的欣赏角度不同，你可以选择你所感兴趣的地方进行游览，设计路线图。"让学生明白路线图的制作方法很灵活，可以自行制作，也可以在平面图中勾画。同时引导学生思考："对于特别感兴趣但材料中轻描淡写的部分怎么办？"让学生搜集材料进行补充。这是一个常用的阅读策略。

第二个问题也可以按照以上方法，放手交给学生合作完成，从中获得阅读策略。

第四步，找一篇课外阅读材料，让学生按照所学方法设计游览路线图，并选择一个景点重点介绍。

其实，任何一篇文本，都包含着许多语文要素：精妙语句、说明方法、写作技巧等。但我们不能试图把所有语文知识都一股脑传授给孩子，要结合单元训练目标，准确定位课时目标，让学生获得真知，提升学生的阅读能力。每一个学段、每一个学期、每一个单元、每一课都承担着相应的目标任务，有的由浅入深，有的螺旋上升，我们只有准确把握教学目标，才不会走弯路、走错路，才能在不断积淀中提升学生的语文素养。

所以，阅读教材、教参真的很重要，集体备课更重要。大家集思广益，力争准确理解和把握编者意图，把语文课上得有滋有味，重点突出。

十五、动态生成，是学习最好的资源

◎苗雅梅

.

数学是教学目标极明确的学科。无论教学方式如何灵活，教学手段如何高明，教学过程如何巧妙，衡量一节课成功与否的重要因素一定是教学目标是否达成，教学难点是否突破。简而言之就是本节知识点的相关习题学生是否会做，是否有能力解决问题。这是首要目标。

今天听了两节数学课，一是二年级郭老师的"解决问题——求比一个数多几或少几的数"，另一节课是五年级付老师的"除数是小数的除法"。两人都有先进的理念，都能让学生自主探究，自主解决问题，先学、先思考、先尝试，再研讨解决问题。学生也基本能产生多种思路，完成老师布置的学习任务。整节课两位老师都表现出较高的教学水平，教学效果良好。

在教学过程中，两位老师也都存在没有及时抓住学生自主探究出来的结果，从而更好服务教学目标的瑕疵。如付老师提问"奶奶编中国结，编一个用0.5米丝绳，7.5米丝绳可编几个中国结？"一名学生的思路是变单位，0.5米=5分米，7.5米=75分米，就算出了75÷5=15（个）。这样的想法巧妙，但要想建立起与小数除法"先将除数扩大为整数，再将被除数扩大相同倍数，即将除数变为整数"的计算方法的联系，还是要引导学生理解此时是利用单位变换将小数除法变成了整数除法，同时提问"我们能否在列竖式时也这样计算？"。这样就能让学生无意识产生

的学习想法变成为教学目标服务的良好资源。二年级"解决问题"也是如此——"一班得了12面小红旗，二班比一班多3面，怎样用图示的方式表示出来？"一学生画了12面小旗，在它下面又画了15面。两班对齐，二班多出3面。应首先告诉学生画的是正确的，再由教师引导学生观察：他画的两班并齐部分（12面）与多出部分（3面）组成二班的旗子总量，两个班一样多的部分画起来实在麻烦，能不能用"一句话、一个方块、一条线"代替呢？在学生的基础上修改，学生更能接受，也更明白。

根据课堂上学生的表现，动态生成为教学目标服务的资源，能够收获更良好的课堂教学效果。

十六、走进生活，解决问题

◎苗雅梅

今天听了五年级李老师的"解决问题——分段计费"一课。本节课，李老师主要让学生领会了"出租车按行驶里程分段计费"和"自来水公司按用水数量分段计费"两种情境下的实际问题的解决策略。听课时我就在想，现在的小学数学与生活实际的联系如此紧密，我们应如何利用好这种联系提高数学教学效果呢？

生活离不开数学，数学离不开生活。数学知识将成为每位社会成员的素养、知识和技能。

想培养学生数学联系实际的技能和素养，首先要带领学生走进生活，发现生活中的数学，激发学习兴趣。小学生对熟悉的生活情境会感到亲切，会更有兴趣。数学课本中越来越多的"解决问题"都以发生在我们身边的事例作为背景，创设问题情境，更好地启发我们从中发现数学问题，帮助学生提高学习兴趣，使他们的思维活动处于积极主动的状态。出租车、水费、电费等都是学生家庭中经常遇到的问题，解决这些问题，学生会更感兴趣。

其次，走进生活，解决生活中的数学问题，培养应用意识。"数学很有用"，但在小学阶段，不是每一位同学都能真切感受到的。这就需要在老师和家长的帮助下，让学生走进生活，捕捉数学信息。五年级的学生对生活中出租车计费、水费的收费方式并不十分了解。现在的孩子

与家庭并不经常打车，即使打车也是家长付钱，学生并不深究它是怎样计费的。水费更是如此，家长怎么交费学生更不熟悉，更何况一般家庭的用水量达不到分段计费的标准。此时，与生活联系的点，不是让学生说说出租车怎样收费的，水费怎样缴纳的，而是让学生帮家长算算应怎样缴费不吃亏等有实际价值的问题。在熟悉的情境中，把自己所学的数学知识与生活情境一一对应，在不知不觉中掌握知识，在生活实践中自觉地应用数学知识。

最后，抓住问题本质，解决问题。既然是分段计费，就一定有明确的分段收费标准。其中至关要素是怎样分的"段"，分成几"段"及每"段"的收费标准。然后结合生活实际，尝试更多的解题思路，提高创新思维能力。本节课李老师让学生尝试了"分段计算求和""统算补差"两种方式。第一种好理解，不易错，适于全体学生。第二种思考难度稍大，计算较繁琐，但锻炼思维的价值高，适于学有余力的学生，以开拓学生的创新思维能力。

十七、把课堂还给孩子

◎郭志华

　　我们经常说：要让学生自主学习，主动探究，课堂上让孩子自己去发现和解决问题。但是在听课过程中，我们却发现很多老师依然在对学生进行"填鸭式"的灌输。学生没有自主探究的机会，很多答案是老师强加给他们的。如这篇文章写了什么主要内容？学生说完后老师出示标准答案，这个答案是唯一的，在很大程度上限制了学生的思维。学生不懂得概括的方法，更别说谈自己独到的体会了。

　　今天听了佟辉老师的一节课，课文是《冀中的地道战》，也是阅读策略单元中的课文，训练孩子提高阅读速度。有了前几篇文章的基础，这篇课文在上的过程中学生已经能够掌握提高阅读速度的几种基本方法。最快的同学用了一分零几秒就读完了整篇课文，最慢的同学也没有超过三分钟。整个课堂教学紧紧围绕着教学目标——"带着问题读课文可以提高阅读速度"来进行。整个课堂目标明确，重点突出。老师从课题入手，让孩子们提出问题。读完课文后又提出新问题，在组内进行交流、研讨、归纳，同时穿插提高阅读速度的几种方法。学生分别从主要内容、文章主旨、写作方法及受到的启示等方面提出自己的问题，能够从众多的问题中进行归类，体现了孩子们的能力。而针对文章内容提出不同的问题，考验的也是孩子们思考的能力。可以说，教学目标基本达成。只是在说明阅读方法的时候，如果放手让孩子自己去说，孩子理解

得可能会更深刻。带着问题梳理课文内容的时候，老师可以问"课文围绕地道战写了哪些方面的内容？"，这样的提问比"概括文章的主要内容"更精确一些，孩子回答得也会更完整。

整个课堂从最初的导入到中间各个环节的设置，到最后拓展阅读的训练都紧紧围绕着本课的学习目标来进行，结构紧凑，方法得当。如果再放手一些，效果应该会更好。第二课时我们也做了简单的交流，就是围绕着这节课所出现的问题有针对性地进行解决，让孩子们既可以提出问题，也能够有效地解决问题。

面对策略单元，我们一定要摒弃过去的老方法，扎扎实实落实教学目标。正所谓：与时俱进，开拓创新。

十八、培养动手能力

◎赵春岳

手工制作，作为一种特别的美术课，很多同学表现出极大的兴趣。当上周对学生们说本周我们上手工课时，我瞬间看到同学们脸上露出兴奋的表情，听见忍不住惊呼的声音。今天，"中国符号——虎头帽"的手工课程在三年级八班开展起来了。

看到同学们面对漂亮的虎头帽时所流露出的喜爱之情，我忍不住笑起来——真是小孩子，对于喜欢的东西都表现在脸上。看着同学们兴致勃勃的样子，我马上开始讲解制作程序。同学们跃跃欲试，我也趁热打铁，交代了注意事项后把时间交给孩子们。同学们准备的材料很丰富，超轻黏土、彩纸、胶棒、剪刀，应有尽有。有的同学还带了绘画材料，打算给作品进行外观上的修饰。课堂中，我巡回指导。看着同学们从最初的设计、构想到后期的制作，一点一点地通过自己的双手完成作品，脸上露出满意神情的时候，我也觉得很高兴。

手工课可以培养同学们良好的动手能力，还可以培养同学们的专注力和创造力。学校里，我们经常会见到一些同学比较内向，不爱说话，但思维敏捷。这种孩子手工制作的能力一般会比较强，因为冷静的头脑、敏捷的思维是手工制作需要的重要品质。

课堂结束，当他们手捧着一件件精致的手工作品时，我相信他们是满足的。每一件成功的手工作品，都融合了孩子们的想象创意。除了对

结果的满足，独立完成制作的体验更是同学们感兴趣的原因。孩子们从最初就必须努力去想、去看，通过对物体的观察和研究，分析结构和制作原理，再融入创意设计，最后完成制作。这个过程中的趣味性不断驱使孩子们朝着自己的目标前进，真正激发了他们的兴趣。

十九、一颗痘中的语文

◎王新苗

由于最近作息不规律，脸上特别显眼的地方起了一颗又大又红的痘。今天一进班就引起了个别孩子的注意，有窃窃私语讨论的，还有伸头来看的。看到孩子们的表现后，我索性就把这颗痘拿到明面上来说说。

第二节语文课，我说："孩子们，你们发现我今天有什么不一样的地方吗？"

"老师脸上长了一个大红疙瘩。"

同学们哈哈笑了起来，目光也都集中看向了我脸上的痘痘，这也是我想要得到的答案。

我继续说："孩子们，能不能加上时间和形容词来说说这颗痘？"

"4月11日，老师脸上长了一颗痘。"

"今天第二节语文课上，我发现语文老师脸上长了一颗又大又红的痘"。

孩子们纷纷举手，一个比一个说得好。

我继续问："孩子们，你们来猜猜这颗痘是怎么来的？"

"我猜是老师还在青春期，长的青春痘。"

"我猜是半夜被蚊子叮的。"

"我觉得是老师太累了，没有休息好。"

"我觉得是老师太累了，假期想放松，于是吃了麻辣烫、辣条、火锅等刺激性的食品。"

"孩子们，这颗痘像什么？"我追问。

孩子们继续大胆地想象，有同学觉得像苹果，瞬间被其他同学否定了。后来他们讨论的结果是像一颗红豆，红红的，大大的。

五分钟的时间，一颗痘引起了孩子们的热议。最后一分钟，我给孩子们进行了总结。生活中处处有语文，只要大胆想象，认真思考，会发现很小的事物也特别有意思……

二十、线上课堂的有效教学

◎师超

突发情况让我们的课堂从线下又一次移到了线上。

由于美术课的特殊性，线上教学期间教师没有办法直观地给学生进行示范，所以我在备课时，会录制示范视频，然后进行剪辑，并配上轻音乐，把视频插入教学课件。视频的使用能够让学生更加直观地了解绘画步骤，轻音乐也能使学生得到短暂的放松，还能更好地激发学生的创作欲望，增强他们对绘画的兴趣，让绘画基础较为薄弱的学生也能融入课堂。备课时还要选择学生感兴趣的课题设计教学内容，课件以图片为主，减少文字，方便同学们欣赏阅读。

在美术学科的线上教学期间，学生易出现松懈不认真的情况，因此每次上课我都会提前3分钟发起视频会议，对没有及时进来的同学再次发出邀请，保证学生们在上课前都能进入"教室"。在作业环节，反复点击学生的界面，关注每一个学生的小窗口，提醒关闭摄像头的同学打开，并让他们举起自己的作业，看看他们的进度。学生感受到我的关注，就没有不露脸的了。

检查作业的时候，我发现了一幅特殊的作业——造型特别准确，线条使用熟练，专业水平相当高。我心想，这是谁的作业呢？一看名字真是出乎意料。我去网上一搜索，果然发现了一模一样的图片。真是搞不懂这位同学的想法，不知道美术老师有"火眼金睛"吗？针对这样的情

听，幸福花开 〇四〇

况，我也从同组的其他伙伴那里学到了经验：要求他们在传作业时拿着作业拍照上传。

在集体备课时，吴主任还提出了课前游戏、课中奖励的小妙招。于是我特意去查了一些课件的制作方法，准备加入教学中来，这样会使学生更喜欢美术课堂，保证每一名学生在上课时既快乐又能学有所获。

二十一、课堂重点

◎赵磊

记录一下今天的延时辅导吧。

孩子们准时来到操场了，点名后跟上我的脚步开始六圈"提档加速跑步"。什么是六圈"提档加速跑步"呢？就是按照计划跑步，一共六圈，从内圈开始跑，每跑完一圈就向外扩大一圈，而跑第一圈时用最慢的速度，每扩大一圈就要适当加速。总共六圈，就是提高六个挡速。

我告诉孩子们："不为与谁比，只为挑战自己！什么是第一？健康永远第一！"孩子们纷纷一边跑一边鼓掌。带着孩子们跑步时还要边跑边提意见，今天我提出的三个重点，也是我自己跑步时候的经验。

第一点，调整呼吸。我强调重点："怎么去调整呼吸呢？我的经验就是三步一呼两步一吸。"这个方法是为第二个重点做准备。

第二点，跑步必须调整身体机能的节奏。生活需要节奏，万事都需要节奏，跑步自然也有三部曲。所以同学们要适应自己身体的节奏，调整呼吸，不要被别人的节奏打乱。

第三点，是最重要的一点，也是最磨炼意志和毅力的一点：跑步无论如何要在第一阵营里。要想挑战自己，就要在第一梯队里跑动。不需要追求快，只要找到适合自己的节奏就行了。

总得来说就是，调整呼吸，掌握节奏，磨炼意志。

最后，我跟同学们一起玩了游戏。下周我将会在现有版本的基础上

研究一个升级版游戏，大家都可以从游戏中体会人生，体会体育运动带给身心的快乐和益处。希望同学们在每次延时活动中锻炼身体的同时，充实自己的想法，并产生对生命健康的强烈保护意识。

二十二、做好充分的准备

◎郭志华

六年级下册语文教材中有一个口语交际内容是"辩论"。对于学生来说，辩论多是第一次接触，实施起来有一定的难度，需要做好充分的准备。周末的时候，我布置了两个辩题让孩子们分成两组回家搜集资料。第一场辩论赛我来担任主持人，教导孩子们如何表述自己的观点，如何用自己找到的事实和名言阐述自己的观点。经历了阐述观点、讲述理由、自由辩论和最终总结四个环节，第一场辩论赛在沉闷的氛围中结束，可以说并不成功。我给孩子们总结了经验，希望他们在第二个辩题中能够勇于发言。

结果真让人大开眼界。

第二场辩论我从班级中随机抽取了一名主持人，按照第一场辩论赛的程序进行，我只是在场边指导。没想到，这个小主持人真让我刮目相看。平时他沉默寡言，有好几次上课，我都以为他在走神儿，屡次提醒。但是在之前的第一场辩论当中，他的一段总结性发言，赢得了所有同学的掌声。在大家的期待中，他漂亮地完成了第二场辩论的主持工作。

有了第一场辩论的经验，第二场比赛同学们就彻底放开了。自由辩论环节，孩子们畅所欲言，唇枪舌剑，抓住对方说话的漏洞，为自己的观点找到依据。场面越来越热闹，辩论声音也越来越高。下课铃声已经

响起，可我们的辩论还没有结束。刘红老师抱着一摞试卷走到班级门口，我便邀请她也加入我们的观众队伍。孩子们的发言引起了阵阵掌声。这是近一段时间以来，孩子们最活跃的一堂课，也是最成功的一堂课。尽管孩子们搜集到的材料还不够齐全，但是在课堂上孩子们表现大胆勇敢，也在辩论中学会了用事实和道理证明自己的观点，从而加深了对本单元议论文的理解和认识。

其实细想想，每个单元安排的内容都是经过编者深思熟虑的。口语交际内容，老师应该认真对待。实际上，这是一个练习口语表达的机会，更是一个巩固和应用本单元所学知识的过程。如果放到单元整体教学里，那么把它作为综合实践的内容就非常合适。很多时候，我们没有现成的经验可循，需要我们不断去探索、去实践。一次失败没有关系，只有经历失败才能从中吸取教训，才能获得成功的机会。也正是在这堂课之后，我看到了孩子们自信的目光。以后的课堂上，我要尽量创造这样的机会，给孩子自由的空间和成长的扶手。

二十三、拼音教学

◎郭志华

拼音教学是整个小学阶段非常重要的内容。对于一年级的孩子来说，既是重点，也是难点。虽然很多孩子幼儿园学过，但是一知半解，再加上拼音内容比较多，后面容易混淆，而且三拼音节和一些特殊音节，对于孩子来说确实有一定难度。前几天听了一年级老师的拼音课，存在这样那样的问题，比如课堂不扎实，形式单一，课堂效率不高等。为此我们研究决定，让武春玲老师和付晓莉老师做两节拼音示范课。

虽然时间紧，任务重，但两位老师备课认真，做了充足的准备，给大家展示了两堂非常精彩的拼音课。课堂设计轻松活泼，环环相扣，由浅入深，语言富有童真童趣，不禁让人感叹老师的成长。还记得当初两位老师上课常板着一张脸，很少看见笑容，如今她们已经能和孩子们真正融为一体，打成一片。整个课堂安静有序，所有孩子注意力都很集中。老师能够做到收放自如，课堂教学安排井然有序。这其中的成长除了历练，更多的是因为她们肯动脑筋，肯思考。孩子们在她们的教导下，精气神十足，注意力集中，回答问题完整有序。所有人不禁感叹：这样的班级真好。

好的教师，要关注每一个孩子课堂上的表现，让孩子们紧跟课堂节奏，要想办法吸引孩子的注意力。课堂秩序好了，课堂效率自然会高，效果自然会好。所以老师要学会恩威并施，既要严格要求，又要灵活

变通。

　　在成长的路上，总会经历这样那样的困难，想办法解决才是最重要的。要做一个会思考、有思想的人，遇到事情多想办法，多向身边的人学习请教，并且付诸自己的实际行动。学无止境，用心为上，才能成长为一名优秀教师。

二十四、思维的火花

◎郭志华

今天语文学科室的活动上，我们从网上找了李怀源教授关于单元整体教学的讲座视频。李教授的讲座生动形象，从理论入手，结合生活实际，用恰当的比喻，讲解了单元整体教学的建构和实施。

过去我们理解的单元教学，也分为三个部分——教材的教学、整本书的阅读和语文综合实践。但是过去的单元教学只是单纯的课时教学，缺乏单元内容上的统一。今天听了李教授的讲解，老师们学会了如何从单元导读页，也就是语文要素当中寻找教学目标。从课后练习题中找到能贯穿各单元内容的主线，然后再去设计语文教学活动。要想完成单元整体内容的教学，预习是必要的前提准备，预习单的设置也就非常重要。而在单元整体教学过程当中，围绕单元教学的主线设计的学习单就更为重要。

单元整体教学不是单纯地把每一节课要完成的目标罗列在一起，而是要找到一条主线，舍去不必要的部分，取其精华，把每课当中互通的地方融合在一起。

通过今天的学习，我们在思想上有了初步的认识，而在具体的单元设计活动过程当中如何去寻找主线设计学习单，是更为重要的内容。在下次的语文教研活动当中，我们会寻找这方面的指导。

通过今天的讲解我还有另外一个收获。李教授说过："课堂教学首

先是思维上的碰撞，然后才是行动上的实施。"学生上课，首先要让他们的思维活跃起来，代替老师的讲解。其实，我们研究单元整体教学又何尝不是如此呢？如果只是一味地灌输，学生又能收获多少？我们应该把单元整体教学吃透、弄明白，也要让我们的思维迸发出火花，深入研究思考，借鉴优秀教学经验，又不完全照搬。我想，这才是我们对待工作应有的方法和态度吧！

二十五、别样课堂 异样精彩

◎冯有为

"塞北的天，娃娃的脸"，丰宁晨昏之间真可谓是瞬息万变。晨若霜秋，午似酷暑，日暮料峭如春，入夜阴冷甚冬。

晚秋时节丰宁的晨风打在脸上像刀割一样，让我这堂堂七尺男儿也不由得脚步仓促起来。蓦地一个趔趄，生龙活虎的一小只雀跃着奔向启航楼，随后又是叽叽喳喳着三五成群。我不禁失神：一、二年级的小毛头们，不会冷的吗？顺手揪住一路飞奔而来的两个小男孩儿，假意呵斥："校园里不要跑闹！着什么急？有什么大喜事儿？""老师，我们错了，对不起！老师，我拿了铝板琴，你记得来给我们上课啊！"循着声音望去，孩子满眼的期待。是啊，上周已经通知了这周开始进行乐器学习。看来兴趣果真是最好的老师。其实我深知，音乐课很受孩子们欢迎，并不是所有孩子都热爱音乐，只是于他们来说，音乐课相较有着繁重课业任务的语数英学科要轻松的多，所以即便不那么热爱音乐的孩子也异常兴奋。想到这，我也较之以前对今天的音乐课多了一份期待。

可能是因为有期待吧，时间似乎过得很快。到了音乐课时间，出办公室一路走来就听到楼上的班级叮叮当当敲击铝板琴的声音。一进教室，映入眼帘的是五十来只小槌儿在铝板琴上杂乱地挥舞着，在耳际聒噪。

按照以往的惯例我一定是先让同学们安静下来，以便稳步代入既定

的教学环节。然而感受到孩子们的热情，我突然意识到，不能打消了孩子们的积极性。于是我旁若无人地把我的铝板琴端端正正地放到讲桌上，郑重地挽起衣袖，轻柔地举起小槌，摆好架势，故意停留几秒……这时绝大多数的孩子都停下手，好奇地望向我。于是我手起槌落，一首曼妙的《萤火虫》飘扬在班级里，几乎所有的孩子都半张着嘴，瞪大了惊喜的眼睛。一曲结束，我望着孩子们渴求的目光，适时地提问："好听吗？你们想不想也演奏一曲？""想！"孩子们异口同声。于是我顺理成章地宣布了关于乐器学习课的纪律要求。孩子们出乎意料地安静下来，我也就开始了我的教学。首先引导孩子们用手指在琴键上找到正确的位置，然后尝试用小槌儿的尾部进行敲击（因为尾部比较细、声音会小一点），最后用小槌儿的头部完成演奏。一步一步，环环相扣，有条不紊，教学过程进行得非常顺利，孩子们也特别认真。虽然是第一次接触铝板琴，半节课的时间大家已经学会了半首曲子。不得不说这对于二年级的孩子来说真是难能可贵。

听着悠扬的乐曲，望向窗外，仿佛风也轻柔起来，天空中点点萤光慢慢晕染，绽放。

我想，为师者，在教学过程中要不断地探索，总结更多、更好的教学小方法、小策略，不需要有多华丽，要以学生为主体。服务于课堂，切实提高教学效果，那便是有价值，且是值得推广的。"路曼曼其修远兮，吾将上下而求索"，今后我将继续在实践中不断发现并改进教学方法，努力构建有序而高效的课堂。

二十六、享受这样的课堂

◎唐艳华

今天下午在六年级6班我当了一节课的学生。按照我们之前的约定，把课堂交给了杨帆和于凌浩两名小老师。小老师有模有样地引导同学们进入新课，用几个信息点让同学们猜出主题为"青铜器"，开始了我们这节欣赏课《青铜工艺之美》。接着，小老师又跟着课件带着大家一起了解4种青铜器和它们的用途。两个小老师，一个主讲，一个介绍器具，从它们的外形特征说到历史价值，在这10多分钟的课堂输出中没有出现尴尬场停顿，有目的地提问同学，也很到位地及时评价。班级同学的参与度也很高，回答问题积极，让我和同学们都感受了一次不一样的课堂。从这堂课中我真切地感受到了两个同学的精心准备和练习，为他俩点个大大的赞。作为成人，作为老师，我认为这节课当然有些细节还值得推敲，但是更多的还是被孩子们的闪光点吸引。这让我深刻地了解到课堂中更多的可能性。就像一直让我觉得有些活泼的于凌浩，居然也能是讲台上台风稳健、侃侃而谈的于老师。不善言谈的杨帆也可以大大方方地介绍青铜器。生活中有那么多美好的人和事，等待着我们去发掘。这节课下课了，我和同学都还有些意犹未尽，期待下次课的到来。

上周我们练习了单个纸艺花朵的制作，预想着学习效果应该不错，最后却发现有些不尽如人意，所以这周我们决定继续练习巩固一周。今天的校本课孩子们呈现的作品比我预想中的好太多了，这是我始料未及

的。开始动手之前我就告诉大家要在画面上预留出花朵的位置。根据纸张的大小确定花朵的数量，选好主体花朵位置、搭配好花色之后就开始小组分工合作。同学们有的做花朵，有的做花心，有的做绿植，再有上节课单个花朵制作的基础，这节课大家做得有模有样的。课中又让孩子们在班级里浏览了一圈，看看能不能从其他同学的作品中汲取灵感，给自己的作品添砖加瓦。果然就有四年级的同学看完了感慨道："老师，我发现你之前的学生，有个姐姐做的花太漂亮了。我们的花瓣是向内卷，她的是向下扣的，我也要像那样做一个。"说着小手就动起来了，果然学得很像样。一次校本课下来就有不少小组完成了作品，当然也让我发现了不少的缺点，比如应该让孩子带一个小的碎纸袋，及时清理不用的碎纸，这样桌面能保持干净整洁，有个好的创作环境，下课也会更加方便打扫卫生。

在"制作贺卡"一课，需要让学生利用卡纸设计贺卡。在课外拓展环节，我安排学生欣赏了一些精美的电子贺卡来拓展学生的知识面。一张张精美的贺卡在屏幕上闪过。我看到学生的注意力都很集中，便轻柔地对学生们说："同学们，不管是纸质贺卡还是电子贺卡，它的作用都是为人们传递一份爱、一份祝福。老师希望你们也试着传递对亲人、朋友的爱，因为不管是收到还是寄出贺卡，你都会收获一份愉悦的心情。"说完这番话后，有个学生说："老师，我会发电子贺卡，今天就给我姑姑发张电子贺卡去，因为今天是她的生日。""真是个懂事的好孩子。"我说道。学生们都用赞许的眼光看着她并说自己也要给亲戚朋友发张贺卡。我没有用指示性的话，但却收到了很好的效果。

二十七、给孩子一个机会 孩子还你一个惊喜

◎杨英歌

水本无华，因相荡而成涟漪；石本无光，因相击而生火花；课本平常，因思维相撞而生灵动。每个学生都有不一样的思维，不一样的视角，教师要尊重每一个学生，宽容个性差异，同时更要鼓励学生提出不一样的观点，得出不一样的结论，在教学中不能用既定的教学模式、教学流程框住学生的思想和心灵，要相信学生，解放学生，让学生成为学习的主人，让学习真正发生。

拓展题是学生眼中的大难题，很多学生望而生畏，止步不前。今天像往常一样又到了拓展题的时刻。本以为又是我一个人的舞台，失望之余我随口问了一句有愿意和大家交流的吗？话音刚落，只见雨彤举起手来，我甚是惊喜。雨彤胸有成竹地走上前来，认真地一边画图一边讲解：假设绳子长是2米，第一根少1/3米，第二根少2米的1/3则是2/3米，我认为第二根用去的多。大家纷纷表示赞同。过了一会儿，只见魏琪站了起来，问道："那如果假设绳子长是1米呢，结果不就一样多了吗？"我略迟疑了一会，看到同学们的脸上表情不一，有些理解有些疑惑，立刻伸出大拇指给魏琪点了大大的赞，夸赞他特别会思考。既然是假设当然可以假设不同的数呀，这样就出现了两种不同的答案，它们似乎都有道理。最后我又引导学生思考，会不会有第三种情况？如果有，绳子应该设多长？有的孩子偷偷地说应该设为小数。"对，应该是怎样

的小数呢？大家不妨自己动笔试一试。"我继续引导。最后通过大家的实践与探讨，又发现了第三种情况：设的小数必须是小于1的数。就这样一道难题由模糊逐渐变得清晰，学生有了"拨开云雾见日出"的愉悦，对这道题也有了全新的认识。最难能可贵的是在这个过程中孩子们做到了积极思考，大胆质疑，努力实践，我相信每一个学生都有不一样的收获，这就是最有价值的。

在教学中常常会出现反复说、重复做都不能让学生学懂的情况，原因在于学生对知识的了解只停留在表层，没有深入的研究与发现，没有深刻的学习情感，一旦遇到变式题学生更是不知所措。因此，在教学中教师要把学习的主动权还给学生，并且创造机会让孩子主动参与，思考与实践并用，经历学习再发现的过程。你会发现给孩子一个机会，孩子会还你一个惊喜。

二十八、坚持的收获

◎刘红

　　周末给孩子留了一张小试卷，上面有一套听力题。课上讲解时发现一小部分孩子是纯"蒙"着做的，还有一部分孩子在家不认真，错误率高，但在课堂上做就能做对。针对这样的情况，我在想，如何利用有限的时间提高孩子的听力水平。我觉得可以从以下几个方面去努力。

　　首先，我们要帮助孩子扫清听力障碍。拿我们经常提到的语音障碍举例，在平时的教学中，对于课本中的一些有连读、略读、重音、升降调、意群等的语句，我们一定要让孩子多加练习、模仿，甚至背诵；还要培养孩子做听力前读题的习惯，适当地进行翻译，让孩子带着问题去听。消除了焦虑感，孩子内心就不会很紧张，听力的效果自然也会更好。其次，我们要教会孩子应用不同策略去应对不同题型。在平时教学中要根据听力任务的不同，指导学生选择不同的听力方法，切不可一概而论，导致学生因烦厌学。例如，听力测试的前几道题往往是"听句子，选出句子中所包含的单词或是判断所听句子与图片是否相符"，这些题目一般都比较简单，我们平时训练时，要求孩子听出关键词即可。而在训练"听句子，选答语；听对话，选答语"时，我们的要求则一定要高，对于重点句型和常用表达要让学生了然于胸。对于语篇的练习更是如此，一定要训练孩子利用有限的时间去读题，大概了解对话内容后，带着问题去听，整体把握文章内容，切不可略听、跳听题目，导致

潦草完成。而有些问题，我们教会孩子采取跳听的方法会达到事半功倍的效果。

"冰冻三尺非一日之寒"，学生听力能力的提高也不是一日之功，需要我们和孩子一起努力！

二十九、别让粗心变成一个借口

◎付建飞

粗心对大多数孩子来说，是一种常见现象：整理书包常常丢三落四；写作业不是漏掉一个小数点，就是看错字、写串行。一旦在某些重要场合因为粗心犯了错，教训更是非常惨痛。比如这次数学综合单测中，我班有同学因为粗心丢掉了30分。伏尔泰说："使人疲惫的不是远方的高山，而是鞋子里的一粒沙子。"粗心就是这样一粒让人感到疲惫的沙子。

我感觉粗心的本质是孩子在学习态度和能力上存在问题，对于孩子粗心这种毛病，一般来说越早纠正越好。遗憾的是，很多父母对这个问题都不重视。其实，粗心不是小毛病，是很多家长为孩子成绩低找的借口，其本质是不想承认孩子在学习态度或能力上客观存在问题。孩子在这种解释之下，变得心安理得起来，错过了认识自己真实短板的机会，进步的可能也被抹杀了。孩子一旦习惯了这种思维模式，再想纠正过来，就很难了。再聪明的孩子，时间久了，也会被这句话给蒙蔽。我仔细观察过那些学习成绩优异的孩子，基本不会因为粗心而犯错。

其实学习也好，生活也好，想要真正做好什么事，仔细认真是必要条件。所以当我发现幼小的孩子在学习上粗心、马虎时，不会帮他找借口，用一句"粗心了，下次注意"搪塞过去，而是帮他分析原因，分析"下次注意"到底应该注意什么，才能避免同样的错误再次发生。

总之，我认为给孩子一个具体可执行的方法，比搪塞一句"粗心了"要有效得多。

三十、如何看待我们的作业

◎郭志华

随着"双减"政策日益深入人心，我们的作业也要进行一定的改革，目的是减轻学生的负担，让作业真正有实效性，起到巩固提升的效果。

写作是小学语文当中非常重要的一个部分，也是最令老师和孩子头疼的一个部分。随着学校教研活动的深入开展，很多老师对作文有了更加深刻的理解和认识，对写作指导也有了一定的领悟和运用能力。但是，写作不是一日之功。有了写作方法不一定能够写出好文章，最重要的是坚持练笔。俗话说：拳不离手，曲不离口，熟能生巧，艺熟必精。这道理用在写作上同样适用。如果能坚持做到经常练笔，写作水平就会在潜移默化中得到提高了。

那么，练笔的素材从哪里来？我们没必要都从课文当中"生拉硬拽"，不如结合学生的生活实际，从素材积累出发，让学生真正做到有事可写，学会表达最真的情感，要知道我们不是为了写作而写作。

所以，积累丰富的作文材料是写好作文的首要条件。我们要教会学生从身边点滴中，找到写作的点，从恰当的角度，运用朴实的语言，抒发内心最真挚的情感。再加上教师的训练和指导，孩子的写作能力一定会得到提升。

今天课上我让五个孩子到前面去读他们积累的素材。读完后，我们

真的被感动到了，孩子们的写作素材语言质朴自然，感情真切，让我们听的人跟随他们一起兴奋、激动、着急。当教室里响起热烈掌声的时候，孩子们的眼里闪着泪花。当真诚的赞美送给那些孩子的时候，我相信对每一个孩子都会有所触动。平时练笔的内容可以灵活多样，日记的内容要从学生的真实生活出发，重在学会表达内心的感受、对事物的看法，记录事情发展的过程。在这样长期的历练之下，相信孩子们对于写作会不再恐惧害怕。

语文学习不能只学书本上的知识。在高年级阶段，能力提升的题目显得更为重要，比如仿写句子练习，综合性评价内容，综合实践材料的提炼等，都需要我们在平常课堂上下功夫。有了长时间的积累之后，孩子们才会运用自如。所以平时读书，积累必不可少。正所谓"厚积薄发"。语文学科任重而道远，功夫要下在平时，切不可走捷径。

三十一、教师的好办法

（一）表扬比批评更有效

◎刘艳丽

实践证明，表扬远比批评更有效。每周在家长群里反馈学生在校情况时，我会表扬一部分学生的学习已经初见成效。开始我只是表扬在班级中各方面表现都优秀的孩子，看似和一部分基础不好的孩子没有关系，也就失去了夸赞的作用。之后，我改变了方向，加大力度肯定了进步较大的孩子，尤其是在课堂上积极回答问题、认真听课的孩子。上周五，我表扬了班里的大博，因为那天第一节课他听得非常认真，几次举手回答问题，与之前的课堂表现形成鲜明的对比，令我刮目相看。看来每一个孩子都有一颗期待得到肯定、上进的心。上周五我重点表扬的是班级中有了进步的孩子。对于他们的进步我充分给予肯定，让这些孩子感受到老师不是只关注那些优秀的学生，每一个孩子在老师这都能获得"糖"。

这一方法的推行大大提升了课堂上的效率。在今天的第一节课里，孩子们听课都很认真。看来今后还要在这方面多想办法，采用多角度多层次的表扬方式。

（二）重点强调知识难点

◎董常虹

错别字是语文学习路上的绊脚石，怎样除掉这些绊脚石呢？

学习新课时，对于重点字、易错字要强调，要教会学生记忆的方法，如形近字对比记忆，形声字联系音、意记忆，多音字组词记忆、适当的联想记忆等。当堂还要让孩子们写一写，课后再写，下堂课再复习听写，学生基本能牢固掌握了。

在批阅作业时，发现学生常见的错别字时，我常常选一个时间段来重点强调。如在午写时间，或者练习课之前，我会在黑板上写个很大的字，把易错部分用彩粉笔标示。我还会请同学讲讲写这个字要注意什么，然后让学生把这个字记在语文书扉页贴纸上，让他们能够经常复习。

用通俗易记的顺口溜来记忆也不错。比如写"武、轼、式、试"时，学生容易在斜钩上多写一撇，我就说："武功高，不挎刀。"苏轼被称为诗神，那么苏轼也是"武功高，不挎刀"。还有区分"哼、亨、享"时，我就说："亨不横，哼不横。"每次说这些，学生都觉得很好笑，在说笑中，渐渐地就掌握了这几个字。

老师这样严格要求学生写对每一个字，久而久之，孩子们的错别字也会越来越少。

（三）学会因材施教

◎白秀蕊

小学低年级正是培养学生良好习惯的时候，但是想要让学生一堂课四十分钟全神贯注地听讲确实不易。这要求老师讲课的时候必须能够引起学生兴趣，抓住学生的关注点。

对于那些聪明但不够细心的同学，讲课时要给他们留有悬念，给以

适当压力，促使其注意力集中。比如一班的胡同学，非常聪明，我经常在课下出题给他做。但由于他不细心，很少全做对。所以我就用这点来教育他：不要总认为自己聪明就可以不认真对待学习任务。以此来培养他细致谨慎的学习习惯。对于中等生，要提醒他们多注意听，多组织课堂教学行为，如提问等，以保证他们能够跟上教学进度。而对于后进生，首先给他们定的目标不要太高，让他们"跳一跳"够得着。他们取得成绩后要适时表扬。因为这些学生本身基础不好，所以要多给他们讲一些简单的知识，让他们一点点进步，感受到成功的快乐。

除了这些做法之外，作为教师在上课时要营造轻松和谐的学习氛围，不能带情绪进课堂，不管多生气着急，在给学生讲课时都要耐心细致。

（四）在实践中前行

◎师瑞峰

研前有准备，研中有碰撞，研后有思考。碰撞出来的智慧火花，点燃了我们的教育热情。第一次英语教研活动中，聆听了晓梅姐和多多的经验分享，感觉收获颇丰。两位老师分别从备课、上课、课后学困生辅导、班级管理以及作业管理等方面分享了非常实用的"小妙招"。比如用小组合作来考查学生的背诵；让边缘生来当组长、优等生来当组员，这样既提高了边缘生的学习积极性，也让优等生带动了边缘生的发展。

再比如对一些有"个性"的孩子，不能严厉地批评，要鼓励多于批评。对低年级的孩子要以提高孩子的学习兴趣为主。一节课中，如果学生学习的兴趣浓厚，那么教学效果就会更加显著。备好课是前提，上课时也要运用多种教学手段，教学活动设计要有梯度，由易到难，才能充分调动起孩子们上课的积极性。

一场教研活动就是一次认真的聆听，一次专业的研讨，一次精彩的思维碰撞，也让我们对教学有更多反思和实践，不断创新教学活动。通过努力，相信未来会有更长足的进步。

（五）人多力量大

◎解东

今天的集体备课结果让我收获很多，也让我再一次体会到了"人多力量大"的道理。但成绩出来了，结果很不理想，我们四人一起研究了问题所在，针对种种问题采取了不同的解决策略。

首先，我们意识到在集体备课时对于教学细节研究得不够深入细致，导致孩子出现了"假会"的现象。针对这一现象我们将今天的集体备课内容重新编排，做到了事无巨细。

其次，我们的教学太过于注重结果，而忽略了让孩子思考研究的过程，没有让孩子真正明白算理的意义。针对这一现象我们决定每日任务不要安排太多，但一定要做到精准，不要为了任务赶进度。

最后，我们认识到还应该多多关注孩子们的课堂听课状态，要保证关注全体，不能只管个体。

所谓"失败乃成功之母"。虽然我们班孩子这次的成绩不好，但我们在教学中是认真的。既然问题出现了，我们就应该从自身找原因，寻找解决问题的策略。

（六）紧跟时代步伐

◎朱宇佳

这次的研修培训随着最后作业的提交终于完成了。这次学习让我收获非常大，我的教育观念也有了很大的改变。我了解到传统意义下的"传道授业解惑"已经远远不能满足现代教育要求，不能紧跟时代的步伐，更加不能适应新课程所提出的"主动、探究、合作"的学习方式。教是为了最终达到不需要教的目标。为了达成这个目标，教学不光是简单地传授知识，更重在教会学生掌握方法，不能只让学生"学到什么"，还要让学生"学会学习"。学生掌握了方法，可以终身受用，可以自己获取知识。当然除了学习，还要注重启发学生，学会给学生留白，给学生充足的时间和自由，促使学生充分发挥他们的想象力和创造力。我们不仅要掌握育人手段，让学生学会求知，学会合作，学会实践，学会创新，更要教学生学会做人，并为学生终身发展奠基。身为一名教师，必须不断地学习，积极进行知识的更新。通过培训，我学到了更多可以提升自身素质和教育教学水平的方法。我们应该是有文化、有思想的教师，要做到"给学生一碗水，自己有一桶水"，要去丰富我们的精神世界和完善我们的知识结构，多读书、多学习，珍惜进修和培训的机会，做一个有创新精神的教师。

（七）打磨与练习

◎赵泽华

第三单元的学习已经结束了，趁着热乎劲儿，我们在这几堂课中都进行了汉字的书写。上次查作业的时候，领导要求我们加强衡水体的规范练习，所以在书写练习的时候，我也特别强调衡水体的正确书写方法，要同学们把字写得饱满均匀，体现衡水体略倾斜的特点。

为了帮同学们纠正书写习惯，我会在黑板上给同学们做示范，让大家看清楚、看明白之后再进行书写。我也会让写完的同学把自己书写的内容跟展台上的相对照，对比一下自己的书写与示范书写的差距。经过一遍一遍观看、示范、练写，加上这几堂课不断地打磨与练习，孩子们终于有了一点点的进步。现在看他们的练习册，已经有很多同学能够保证练习册的干净整洁。再仔细看他们的字，有些同学还能做到占格合理，倾斜度合适。

我们年级的老师接下来也会继续跟其他年级的老师请教如何把衡水体写得更到位，争取让我们年级的衡水体也能早日书写得漂亮规范。

（八）弘扬国粹，创意表达

◎唐艳华

开学初在音美工作会议上，吴主任就提出了这个学期美术课堂的教学改革问题。昨天我们组又以"学科特色如何开展"为主题进行了研讨，确定了各年级在学校"中国传统文化符号"主题活动中，开展综合实践系列活动的方案。一开始大家都有些茫然不知所措，在吴主任的再三讲解下才豁然开朗，大家开始就自己所教年级确定主题。我教五年级，结合教材和传统符号的学习，最后我这个年级确定的主题是"京剧脸谱"。

我预想将这节课分为绘画和手工两部分进行。先通过视频让学生了解戏曲的起源，让孩子们产生兴趣，再重点讲解京剧脸谱的知识，随后让学生在作业本和空白面具上绘制脸谱，呈现平面和半立体作品。接下来可以用其他材质的手工材料呈现和京剧有关联的作品，比如用扭扭棒做一些京剧发箍，作品可以更精细化。还可以采用手绘书包或衣服的形式在整个年级开展一次美术比赛，更大程度地让孩子们了解和喜欢我们的国粹。最后将所有的作品形成一个系列，让孩子们可以对传统文化表达和呈现自己的想法。

（九）勤反思才能有真收获

◎苗春萌

最近几天学期初始的听课成了我们办公室的热门话题，我们几乎无时无刻不在谈论选了哪节课，怎样设计教学过程，如何引导学生积极举手发言……每一次谈论都像是一场小型的集体备课。

我选择的是《宇宙生命之谜》的第二课时，尽管教了好几届六年级，但教材改版之后还是第一次。对于这样一篇从来没有接触过的课文，我也抱着挑战自己的心态。当然，我也有自己的私心：如果讲不好还能让校长帮我指点迷津，以后就会驾轻就熟了。

为了备好这节课，我把教参反复读了好几遍，明确了这样一篇阅读策略单元的课文还是应该以教授阅读方法和策略为主，然后再让学生用学到的方法去学习课文。这样学生既掌握了方法，又学到了知识。为了达成这样的目标，我对每一个教学环节都进行了精心的设计，从课前三分钟的分享，到课上学生资料的补充，再到最后四个不同梯度和类型的练习题的训练，都紧紧围绕着"宇宙生命之谜"这个主题。整节课下来，教学目标基本达成了，也达到了预期的效果。可是我并不是十分满意，总觉得有一些小小的细节不够尽善尽美，这也许就是理想与现实之间的差距吧。回到办公室，我第一时间修改了课件，又把教学流程梳理了一遍。我觉得，要是再重新讲一遍的话，自己一定能讲得更好！

三十二、课堂管理策略

（一）保持课堂活力

◎于洋

相信每位教师都明白课程安排的重要性，恨不得学校每次都把自己的课放在上午第一或第二节，因为这是学生精力最饱满、上课状态最好的时间段。因为各种原因，我的部分课程被安排在学生已经比较疲惫的时间段。如何在这些课堂上保持学生的专注力，提升教学效果，就成了我要关注的问题。

刚开学那阵子，我时常为学生的课堂状态感到担忧。学生上完第一、二节课后已经没有办法继续保持高度的专注力了，课间操回来后更是筋疲力尽，都懒洋洋地坐在座位上。到了下午，学生更是有气无力地上着主科课程，听着知识要点。这样毫无生气的课堂消磨了老师的上课激情，更谈不上有什么教学效果。于是我将重点放在了调动学生上课的热情上：课前互动时播放英语小动画，让孩子们快速进入状态。事实证明，这比扯着嗓子干吼"闭嘴"，效果要好得多；在课上，我还会时不时地点名提问，从而提高孩子们的专注力。

保持课堂活力，才能有效维持学生的专注力，保证课堂教学效果。

（二）让课堂有趣起来

◎解东

今天的数学课让我体会到了和孩子一起学习的快乐，松弛有度的教学模式让枯燥的知识变得有趣起来。课上我先就教学内容让学生们独自列式，反馈结果很好，同学们都能用分步运算或者综合算式来正确解答。当我问完"还有其他方法吗？"孩子们都摇头时，我"骄傲"地说自己有办法，让大家仔细看我的方法。

我将"53-24+38"这个算式又在黑板上写了一遍，孩子们却大声说这个方法用过了。我说："我可以给大家变个魔术，让它不一样，你们信吗？"有同学直接说不信，我就对他说："如果老师变出来了，你把你的小花送我一朵。"也许觉得不可能吧，他特别大方地答应了。我将本节课的脱式方法快速地写在了黑板上。看到不一样的算法，同学们都非常兴奋，那位同学特别不舍地翻开本子准备给我揭小花，我告诉他如果舍不得送我你得到的这个奖品，就中午回家给我画一朵吧。他欣然答应了这个提议。

下午这位同学到校时，很小心地捧着一朵自己画的小花送给我。虽然这朵小花很不起眼，但它是孩子精心画出来的，我看到了孩子对我的情意。我迫不及待地将这朵小花贴在我的盒子上，看到我这么喜欢这幅画，孩子也开心地笑了。

这件小事让我意识到以后对待孩子们不能过于严肃，让他们不敢与老师接触，课堂上多些趣味与生气也无妨。

（三）打开孩子的思路

◎刘素霞

今天带孩子们做了自动感应门。不用多说，孩子们拼装编程这一套下来无比熟练，达成想要的效果之后都露出了灿烂的笑容，有的甚至想

要和我击个掌以庆祝他们的"胜利"。好吧，我得满足他们，让他们享受一下这短暂的"成功"。

是真的成功了吗？显然不是，如果编程是照着书去编，书上用哪个我们就用哪个，这样的"成功"也太容易了点，拿过来就会了。大家对于自己的作品也都是知其然而不知其所以然。所以，在所有人完成之后，我问他们："你做的电动门，感应的功能是如何实现的？对应的是哪一个模块的编程？这个模块还可以怎么用？"教室里瞬间安静下来。有反应快的孩子立马去翻书，对照自己的作品开始思考。因为是做过一遍的，再让孩子们去思考每一步的意义就比直接告诉他们更加让人印象深刻。

解决了感应门的编程问题，我们又回顾了之前的编程作品，孩子们的思路一下就打开了。课后有孩子说："老师，我以为咱们直接照着书编程就可以了，我还以为这个很简单呢，原来不是的。"

我想告诉他们的是，虽然没有想象的那么简单，但是明白了原理之后，你会发现其中更多的乐趣！发散你们的思维，突破书本的禁锢，为我们即将创造的智能社区提供更多的可能性！

（四）数学课的样子

◎邓世闻

课堂是学校的主阵地，是最有魅力的地方。

我按照学校安排，听了罗丹老师的一节数学课。罗丹老师按照设计好的课堂流程讲着、问着、引导着，好像一切都是水到渠成，完美无瑕。但真实的课堂却是"暗流汹涌"。每一个学生都是独立的个体，对待同一个问题从不同的角度、不同的高度都有着独特见解。面对这些不确定性，需要教师思维敏捷，既要抓住根本有效引导，又得在学生原有理解的基础上有所提升。课堂上，罗老师问道："尝试用4块小正方体摆出从正面看是'口口口'的几何体，你可以怎样摆？"一分钟后，所有同学摆放完成。但千篇一律，摆法基本相同。"还有不同的摆法吗？"

罗老师问道。同学们你看看我，我看看你，找不到突破口。这时，罗老师什么也没说，只是移动了后面的小正方体。而后，便听几位同学说："哦，我知道了，还有其他的摆法。"罗老师依然没有说话，又把前排中间的小正方体向前移动。"我知道了，我知道了，还有好多种摆法。"大家争先恐后地说道。罗老师这时才说道："没错，摆法一共有12种，而且有规律可循，请同学们再尝试摆一摆，看看有什么发现？"孩子们探究着，发现着，活泼而有序，这也许就是数学课该有的样子吧！

（五）日记

◎夏竹青

下午走进教室，我看向窗外，雪花越来越大，越来越密。我转过头看看孩子们，问道："咱们看雪呀？"孩子们异口同声说道："不看！怕写日记。"我笑说道："今天只看雪，不写日记！"立马响起一片欢呼声。于是孩子们仨一群、俩一伙地看起了雪，聊起了天。

几分钟后，我问他们："这场雪带给你的是什么？"

丁瑀说："带给了我'仇人'。因为在小餐桌打雪仗时有两人往我脖子塞雪！"这个话题一出，引发了教室里的小高潮。孩子们兴奋地说起了打雪仗的故事。接着刘浩然说："这场雪带给了我烦恼，因为我没有带雨伞，雪把我的衣服鞋子头发全弄湿了，感觉不好。"

董墨涵说："这场雪带给了我诧异。前几天明明已经到了将近二十摄氏度，那么暖和，却突然下雪了，让我很诧异。"我说："这场雪带给我的是困扰，因为上下班的路变得湿滑难走，我怕摔跤。"一番讨论下来，刘敬丹同学进行了总结："这场雪带给我们的感受都不相同。"接着，我告诉他们："同样的事物带给我们的感受是不同的，我们要勇于表达出自己的真情实感，不管做人还是做事，真诚是与人交往的前提。第三单元的导读页也说了，让真情在笔尖流露。"黄文烁说："老师，我们要写日记，主题就是'这场雪带给了我什么？'。"

（六）换一种方式

◎刘红

大家都知道第四节课的课堂教学效果会很差，尤其是最近这一周，上课时间比较长，孩子们无论是身体上还是心理上都已经很疲惫了，效果可能更差。

果不其然，第三节下课我从二班出来到一班，发现不少孩子懒懒地趴在桌子上，上课铃响后他们依旧是一副无精打采的样子。于是，在处理完"Let's try"之后，我跟他们说："今天这个对话我不讲了，你们来讲吧。"

学生都好奇地看着我，甚至还有人小声嘀咕："英语老师生气了？"

"哈哈！我没生气。我怕我再讲课，你们睡着了。而且这个对话并不难，你们完全可以自学。"

于是，我让他们两两一组，一起读、翻译，然后告诉我对话大意。就这样，学生慢慢地进入了学习状态，他们自学的时候我就在班级里溜达，偶尔还可以欣喜地听到两个人因为个别句子的翻译而争吵。十分钟后，我开始抽查课文翻译，效果很好。紧接着我又布置了另一项任务，"小组合作，找找每句话中的知识点，比一比哪组找得多？"话音刚落，孩子们立刻开始行动，讨论声此起彼伏，有说的，有记的，生怕自己落后。看着他们认真的样子，我偷偷地笑了。事实证明，遇事换一种方式，也许真的会收到意想不到的效果。

（七）发挥教师的引导作用

◎朱宇佳

今天领着孩子们做了听力，学过半年的孩子果然是不一样了。之前做听力练习，孩子不是听不懂听力内容，就是跟不上听力节奏。他们的手忙脚乱不知所措，让我很是头疼了一段时间。今年这一情况有了十分

明显的变化。听之前，孩子们先认真看了题，明白了题目的要求，虽然个别学生还需要提醒，不过整体还是很不错的。听完以后核对答案，大家争先恐后地举手，对自己的答案十分有信心。问过之后还真的都对。我真的很欣慰，也很为他们骄傲。有的题目有不同的意见，大家争执不休的时候，我就会像裁判一样回放一下，让大家一起聚精会神地再听一遍，去寻找正确答案。做对的同学会特别骄傲，说："看吧，我对了。"没有做对的同学会特别懊恼，刚刚没听对。好在大家不会一直纠结，而是很快向下进行。听力多数时候都是在学校统一练习，就是为了有针对性地锻炼学生的听力。我告诉他们听力不仅考验知识也考验素质，有的同学因为自己没听清就大呼小叫，这样只会影响自己和其他同学，导致后面丢分，所以要凝心聚神，才能稳步前进。

（八）发挥学生自身能力

◎何平

又是一年春来早，春雨也随之而来，"好雨知时节，当春乃发生，随风潜入夜，润物细无声"。春雨贵如油，它滋润万物生长，为大地带来勃勃生机。"清明时节雨纷纷，路上行人欲断魂。"雨儿仿佛听到了人们的心声，总在清明节淅淅沥沥地落下，传达着扫墓人的心声。这么贴心的雨儿是怎么形成的呢？我们今天一起探究了"雨和雪"的形成。

通过做模拟实验，学生发现：空气中的水蒸气在高空遇冷凝结成小水滴或小冰晶，小水滴或小冰晶相互碰撞、合并，变得越来越大，大到空气托不住的时候便会降落下来。同学们也理解了当低空温度高于零摄氏度时便形成雨，当低空温度低于零摄氏度时便形成雪这一物理现象。

科学课的教学要面向全体学生，要保护学生的好奇心和求知欲，还要突出学生的主体地位。教师作为组织者、引导者，设计科学课要注重让学生培养调节自身的学习能力和实验能力，能够独立思考、合作学习，养成热爱科学的品质。

（九）让学生会“说”

◎付建飞

我在数学课堂中体会到要科学精确恰当引导的重要性，要让学生会“说”。孩子们的言行深受我的影响，因此，培养孩子们的语言表达能力，重点在于我的言传身教，通过科学恰当地引导，让孩子们掌握“说”的方法。这里的“说”，就是要让孩子们通过观察、比较、分析，再用准确、简练的语言，把自己的思维过程条理清晰、完整准确地表达出来。数学的科学性决定了其语言的准确严密性。因此，在训练中必须要求孩子们用词要准确，描述要贴切，绝不能模棱两可。数学的高度抽象性决定了其语言的浓缩性，因此，学生在回答问题时，一定要言简意赅、干脆利落，不能拖泥带水，更不要添枝加叶。数学的逻辑性又决定了数学语言的条理性，因此要让孩子们学会运用判断和推理，有理有据地把思考过程准确完整地叙述出来。既知其然，又知其所以然。比如今天的课堂练习是比较大小的题型：3.75×1.1（　）3.75，2.5×0.9（　）2.5。我让孩子们针对问题，大胆讨论，互相讲题，课堂效果很好。总之，培养和提高学生数学“说”的能力，是我与学生、学生与学生之间的多边活动，是在相互的合作交流之中完成的。在这个过程中，我必须充分发挥教师作用，恰到好处地去引导、调动孩子们的主观能动性和“说”的兴趣，从而提高孩子们数学“说”的能力，提升学生的数学核心素养。

（十）奖罚的原则

◎闫晓梅

俗话说：“罚其十，不如奖其一。”当学生的积极行为得到奖励后，这种行为将得到巩固与强化。今天班级的午读，学生读得懒洋洋地。课代表带读到了歌谣这一部分，学生依然毫无精气神。我又起了一遍，说：“看看我们能不能把节奏放快一点，声音放大一点，我觉得你们可

以，我们试一试。"第二遍同学们的节奏快了一些，声音上来了一些，我立马鼓励他们道："真棒，比刚才好了很多，我就知道你们可以的。"接着又进行了节奏感强的第三遍，我立马给他们点赞。通过老师的鼓励，在节奏感强的歌谣的带动下，接下来的单词朗读，同学们一扫之前的萎靡不振，声音洪亮。就这样一个口头的表扬，一个满意的、赞许的目光和微笑便带动了孩子们的积极性和主动性，也让我变得无比开心。

在四十分钟的英语课堂中，我们要懂得使用正确的方法和手段去制止课堂上的不良行为，否则我们很难提高课堂效率。今天的课上发现一名同学在跟读单词的时候，虽然张着嘴，但明显注意力不集中。我立马提问他，他答不上来，惭愧地低下了头，之后的跟读他的状态好了很多。在课堂中，我们要有一双善于发现的眼睛，随时关注课堂上学生的学习状态，采取多种措施去制止他们注意力不集中的问题：突然发问、停止讲课、个别谈话等。没有好的课堂纪律，课堂效率就会成为空谈，只有孩子们的心静下来了，他们才能听进去老师说的内容，才能真正地记住，使教学效果达到理想的状态。

三十三、不要沉默的课堂

◎苗雅梅

在老师的认知里，低年级的学生活泼好动，经常小手举得高高，发言积极，颇有一股"初生牛犊不怕虎"的架势。越到高年级，孩子在课堂上越沉默，无论怎么启发引导，依旧保持"你有千条妙计，我自岿然不动"之态，让老师心急如焚。

为什么孩子越大越不爱表达？是不是所有班级都这样呢？最近听了刘艳丽老师在六年级的一节语文课，发现未必如此。

刘艳丽老师执教的课文《桥》，是一篇经典小说，很多人把它作为公开课的首选。文章短小精悍，但包含的知识点很多，情感浓烈，要想设计好不太容易。但在刘艳丽老师的课堂上，我惊喜地发现，整堂课学生坐姿端正，精气神十足，课堂井然有序，没有走神的，也没有偷懒的。学生回答问题特别积极，参与人数多，频次高，而且每个孩子都声音洪亮，有理有据，答案内容多元化。整节课既严肃认真，又活泼灵动，节奏快，容量大，毫无沉闷拖沓之感。

因为一部分特殊学生，这个班一年级刚开始时是存在许多问题的。为什么这样一个班级到了六年级会是这样朝气蓬勃的状态呢？我想这和刘艳丽老师长期的训练和用心管理分不开。首先，建立融洽的师生关系。相信每一个孩子，不戴有色眼镜看待这个班，而是用满腔热情去爱每一个孩子，让孩子感受到平等、尊重和关爱，从而使他们"亲其师，

信其道"。其次，做艺术的管理者。我们经常会看到她课堂上的金点子，开展转化后进生的竞赛，提升兴趣的语文朗诵、读书会等小活动。有一个会"变魔术"的老师，还会用幽默风趣的语言沟通，使学生对课堂保持新鲜感，哪个孩子会不喜欢？最后，教师要拥有高度的责任心。好的课堂氛围一定来源于优秀的教学设计。课前的充分准备，课上的行云流水，都会深深吸引孩子的目光。随着教师的思路，随着文字的品味，随着情绪的渲染，孩子会慢慢适应课堂氛围。

有了点点滴滴的日积月累，才会有课堂上的精彩呈现。高年级的教师还真得反思一下，如何保持课堂的活力呢？

三十四、勤于反思

◎于洋

英语，作为全球使用最广泛的语言之一，已经成为国际交往和交流的重要工具，也是中国更好地了解世界的桥梁。因此，《小学英语新课程标准》（以下简称"新课标"）一经下发，我县教育系统紧跟步伐，锐意进取，在假期就掀起了学习"新课标"的热潮，并于开学组织了"新课标"的学习培训活动。10月20日，我非常荣幸地参加了此次"新课标"的培训，受益匪浅。在此期间，我认真聆听了张晓敏主任对"新课标"重要改革的总结。

首先，张主任和我们一起学习了"新课标"提出的"核心素养"，即英语课程要培养学生的核心素养，包括语言能力、文化意识、思维品质和学习能力等方面，还讲解了总目标、学段目标的要求。英语课程内容就像一个八卦炉一样，由六要素构成，包括主题、语篇、语言技能、学习策略、语言知识、文化知识，这些要素组成了一个相互关联的有机整体。围绕这些要素，通过学习理解、应用实践、迁移创新等活动，可以推动学生核心素养在义务教育全程中持续发展。

接着，张主任将新课标和单元整体结合起来。张主任以"Meet my family"为例，研读了课标里的教学案例，使我们详细具体地了解了如何在新课标的引领下开展单元整体教学设计：研读单元内容，提炼单元主题；深入研读各语篇的内容，梳理单元与单语篇教学之间的关系；是

炼各语篇的子主题，与单元主题建立关联；优化整合相关内容，合理安排单元课时；准确诊断学生的已知点、学习难点和发展点；整体规划单元目标与课时目标；遵循英语学习活动观的理念，设计层层递进的英语学习活动，体现学生主体地位。

这次培训让我深切感悟到：只有学习新课标，才能把握新知识体系和学生实际，提高课堂效率，达到新课标设计理念的基本要求；只有大胆将新理念、新方法运用到课堂实践中，努力落实新课标，才能让学生在接受英语知识的同时，感受到学习英语带来的快乐。"新课标"对我们教师提出了新的挑战。此次学习使我受益匪浅，对小学英语教学有了更深刻的理解和认识。一句话，顺应教育改革发展潮流，当一名合格的小学英语教师，才能实现我们教书育人的目的。

三十五、小问题的大思考

◎何平

　　我们现在用的是冀人版《科学》教材，这套教材几经修改，在我们这一届终于尘埃落定。这套教材充分考虑了可操作性和对学生的启发功能，是一套优秀的教学用书。但在与实际工作结合的过程中，我们也发现了一些小问题。考虑它可供学生了解科学知识，探究实验原理，是学生学习科学实验的参考，因此，我提出以下值得思考的小问题，和大家共同讨论：一、学生的小组实验各年级分配不合理。如五年级上册科学实验偏多，五年级下册学生分组实验更多，达到了二十多个，而三年级只有三个实验。由于每周课时数是有限的，应该尽量在各年级分配得合理些，将每一册的科学实验安排得均衡些。二、书的插图不够科学。这一版教材插图多以儿童喜欢的动画形式呈现，而非真正的实验操作图，其目的可能是引起小学生的兴趣。比如六年级上册的第41页，"绿色植物释放氧气的实验"插图中倒扣的试管离开水面，水却没有流出来，能悬在试管里面，引起了学生的误解，老师则需要解释这样的现象并不可能出现。像这种插图不该出现在《科学》书中，其他科学类书籍中也应该避免此类插图。又如六年级上册第44页的"食物链结网游戏"，课程目的是让学生认识食物链和食物网，讨论"如果食物链中的某种生物数量减少或增多，对其他生物的影响"。图中给出了一条食物链，"蟋蟀→麻雀→老鹰"。书上的食物链本该起到一种示范作用，然而却没有从绿

色植物开始画，不利于学生的理解。

　　教材与课堂教学的紧密结合，能够促进学生内化知识，掌握教材内容。因此，对待教材应该更加严谨，这样才能使教材更好地服务于课堂教学。

三十六、把握教材才能呈现课堂

◎赵泽华

学科会是我们成长的保障，是我们的底气与基石。每周学科会，都会聚焦我们在教学、教研中遇到的困难、问题，并汇聚集体的力量，找出解决困难与问题的方法措施，引领着我们突破与成长。

这周主要聚焦课堂管理与新课标学习。课堂管理一直是我这个成长中的教师的"老大难"问题。这几周跟着师父看，对以前听过的那些方法明白了很多。今天学科会上专家又提到很多解决这个问题的方法，拓宽了我在这方面的思路。从学到用还是一个慢慢积累的过程，希望在以后自己的课堂中，我能有机会慢慢地把合适的方法用到正确的地方，弥补我在课堂管理方面的缺陷与不足。适逢新课标出台，今天的学科会上，我们还聆听了专家对新课标的解读。希望通过对新课标的学习，以后我们能对日常的教育教学产生更深刻的理解，把学来的这些知识用到我们的课堂实践中。

随着教学年级的变动，认真备课的重要性逐渐凸显。在五年级的英语课文中，有很多的语法知识点。所以，在教学中，我们钻研教材、研究教法、研究学情，都是为了更轻松、更好地把课程内容呈现给学生。各种会议上学校都在提示我们，想要上好一节课，就要充分了解自己的学生。同一个班里，处于同一年龄阶段的学生，在心理上有很多共同的特征，这些特征方便我们开展教学。但即使在同一个班级里，每个学生

的学习情况也不完全一样，每个人都是独立的个体。因此，我们需要充分了解班里学生的个性特点，还要研究他们的个性差异，知道他们平日课下的学习风格，以及他们在课上的表现，并在了解的基础上，有针对性地进行教学，使学生的个性心理得到充分的发展，从而获得理想的教学效果。除此之外，我们还要在上课之前深入挖掘和理解教材、研读课标、明确教学目标与要求、明确课堂的教学重难点、吃透教材、吸收精华。这样，课堂教学才会更有成效。

三十七、好课连台

◎徐莉娜

赛课周到了，学校安排我们每人每周至少听六节课。于是我想方设法换课，放下手中的活云听课，不停地穿梭在听课、上课之间，放下了懒惰，收获了成长。

今天我听了两节语文课，一节音乐课，内心充实而感动。低年级的阅读课，年轻老师有朝气有活力，课堂设计得多姿多彩，板书的工整、课堂道具的精美，都让低年级的课堂充满了趣味和生机。高年级的习作课，课堂容量就显得大了许多，一节作文评改课，老师上得有声有色，层层递进。结合习作要求，让学生先找出自己作文中的重点部分，再循序渐进教授具体方法，让重点部分呈现得更精彩，一步步抽丝剥茧，由面到点，再到点上的语、动、神、心，层层剖析，让学生从表面改到骨子里。有了这些具体方法的指导，基础再薄弱的孩子也知道自己的作文问题出在哪了，最终孩子的习作能力也能得到提高。虽然我能听出别人课上得好，可轮到自己来设计，还是有些迷茫，想要提升自己，我还需进行这方面的深入研究，同时多向大家学习才行。

如果说听语文课需要不停的思考，那么上音乐课简直就是享受。赵磊老师的音乐课，唱啊、跳啊、敲乐器、演律动。最后，还抬了一棵大果树上来，上面挂满了鲜美的橘子、苹果、山楂、枣子，还有不常见的姑娘果，这样的课堂哪个孩子不爱？不用说学生了，我们在座的老师们

也是笑声不断。赵磊老师说跳就跳，说弹就弹，就像一个大男孩一样领着孩子做各种有趣的舞蹈动作，就连孩子们采摘水果的过程中，老师也伴着丰收的乐曲来了一段机器人舞。全班没有一个孩子走神，都被老师的才艺和巧妙的课堂设计深深吸引了。如果我是其中的一名学生，得对这位音乐老师崇拜到什么程度？从此艺术的种子已经在他们心底生根了！

今天真是收获颇丰的一天。经过一天的听课，我也明白了整天闭门造车，不会有新意，多听多学，才能够开阔眼界，感受到不一样的课堂文化，才能有更好的课堂创意。学校提供这样丰富多彩的平台，让老师们展才艺、得锻炼、长才干，才能让教师们走得更好更远。

三十八、真教研，大收获

◎徐莉娜

对于我们新调入六小的老师来说，开学第一讲是必不可少的一关。今天轮到九班的叶阿琴老师上场。

小叶是个非常敬业的好老师，她对自己的工作热爱又尽责，每天都全身心投入课堂和教学工作。虽然一样的忙碌，但她透出的是自信与阳光，遇到问题积极去协调、解决，这是年轻人非常好的工作状态，她的勤奋与用心一定能让她在教育事业上结出甜美的果实。在课堂上，小叶声音动听有力，充满激情，具备良好的语文功底。她自身上进，又幸运地在六小这样一个有浓厚教研氛围的集体中打磨，尤其是能得到六小优秀教学前辈的指点，一定会成长得很快。

在这里，上完课，大家不会让你稀里糊涂、不知对错。每个新手教师的课，苗校长都会去听，并在繁忙的工作中抽出时间指导，约我们三年级的语文老师一起说课。聆听苗校长说课，给我最强烈的感受就是她既能深入文本之中，又能跳出文本之外，从另一个高度审视文本，让我们从以前不曾发现的角度重新了解文本。就比如《花的学校》这一课，说实话我在上这课的时候就像苗校长说的一样，一片混沌，这类"形散"的文章，在教学中很难抓住主线，但听了苗校长的分析，我一下子豁然开朗了：抓住单元目标——找有新鲜感的句子，再通过想象感受拟人化的美，最后落脚在花孩子的童真和泰戈尔对母爱的赞颂上。苗校长

对文本的分析理解十分透彻。

今后在备课中，我也要站在更高的层面上追问自己：本单元和本课的目标是什么？怎样落实目标？重点难点又是什么？用什么办法突破难点？有了这四问，我们就能更好地把握教学，就能做一个更加通透的教师，也才能让学生学得更明白。

三十九、解渴的教研

◎徐莉娜

　　活到老，学到老。语文学科看上去谁都能教，可想要教得好却不那么容易。就像唱歌，一首好听的歌普通人也唱得来，可再听听专业人员的演唱，就会觉得不可同日而语。平日我们常常把阅读教学作为研究的重点，而作文课一直是小学语文教学的难点也是学生缺乏练习的部分。新的部编版教材，把作文单列成一个单元，足见习作教学对于小学阶段的重要性，也更加大了习作教学的难度。上半年市里开展了"山庄大讲堂"活动，由此燃起了全市轰轰烈烈"啃这块山芋"的热情。

　　今天我有幸聆听了佟辉老师的市级作文评改示范课。佟老师往那一站，举手投足、体态语言，就非常有师者风范，一下就让人心生敬意。遗憾的是我坐在后面，听得不是太清。在研讨的时候，又一次让我对我们学校的老师暗暗竖起大拇指。参与研讨的老师们年纪不大，但大多能抓住关键点，切中要害，陈述得有理有据，真是后生可畏。听了郭主任的介绍后，更是感觉其课堂设计颇具匠心：有深度、有层次、有方法、有效果。

　　最后是我们教研室的专家兰主任对作文评改课做具体的指导，听了以后感觉特别"解渴"。作文指导课分为几步，每步落实什么目标，怎样保护孩子写作文的积极性，怎样达到评改的实效，说得深入浅出。她说的"要真真正正教给孩子评改方法"一句，我深有同感。无论采取什

么方法，课堂要走实，学生要有所得。而一堂课得多得少，就要看我们老师的功夫了。

　　学习了专家们的讲解，参与了集体的研讨，我理清了习作教学的思路，坚定了前进的脚步。在教研的路上，我们要继续破解难题，不断攀登，共同成长！

四十、集体备课

◎郭志华

春姑娘的脚步翩然而至，屋内的百合花开得正艳，校内秩序井然，一切是那么温馨美好。

刚刚开学的第二天，学校工作也慢慢步入正轨。第三节课，我轻轻地走了一圈儿，除了三年级教师们忙着领教材，其他年级组都在备课室内热火朝天地讨论着教材、教学过程、教学内容、教学重点。大家你一言我一语，场面好不热闹。

主备人先说自己的看法，其他人根据教参教材提建议，适时补充，场面和谐融洽。看着老师们认真的样子，我内心不禁涌起一阵莫名的感动，他们因为坚持，所以更美。

同样的集体备课，不同的方法，不同的参与程度，收到的效果肯定也会不一样。如果在之前没有充分的准备，只是在集体备课时拿着教材教参人云亦云，那恐怕连最基本的教学过程都梳理不出来。要想让集体备课见成效，就一定要提前下功夫，明确教材内容、重难点。备课过程中大家要重点解决的是怎么安排教学过程更合适，要设计哪些流程，哪些是学生容易出错的地方，哪些不容易理解的地方要重点讲解。根据教材的编写意图，确定哪些内容多讲，哪些内容少讲或不讲。通过交流解决困惑疑问，才能事半功倍，不浪费时间。

抬头看天空，蔚蓝而高远，夕阳西下，鸟雀归巢，我们也该静下心来，好好思考如何提高集体备课的效率，让备课室成为课堂加油站，成为老师们破茧成蝶的摇篮。

四十一、备课之心得

◎高杨

上好一节课不是偶然的，在很大程度上取决于教师备课的程度。备课对于教学的重要性不言而喻，就像运动员比赛前要热身，士兵打仗前要准备子弹一样。

2018年刚调来六小的时候，我是一个授课经验基本为零的"小白"，那时的我还不清楚到底该如何备课。往往在接到听课任务的第一时间，我就跑到网上搜索各种教学设计和名师课堂授课视频，一点点地看，反复地听，到了课堂上照猫画虎，却总是词不达意，东一言西一语。自己讲得没有层次，学生也听得没有兴趣。

在六小几年的教学中，我一直反思怎样才能激发学生的学习兴趣，毕竟兴趣才是最好的老师。通过近几年学校安排的集体备课、师徒结对、教研活动、赛课磨课等教学活动，我感受到要想激发学生的学习兴趣，就要认真备好每一节课。但到底该如何备好一节课却成了很多年轻教师的困惑。我认为一节精彩的课与很多因素有关，比如教师的综合能力、学生的学情和教学过程的安排等。所以，教师在教学前，应该在反复研读课文内容的同时，确定教学目标，和同伴交流并讨论突破课堂教学重难点的方法技巧。当然，备课中最不可少的、最重要的是备学生。我们要充分了解学情，只有关注学生的能力才能真正接近学生，使每一个教学活动在学生身上发挥作用。这样不仅做到了平等尊重，还能激发

学生的学习兴趣，改善"满堂灌"的不良教学现象。

今后的我，将以平和的心态去构建每一节课堂，真真切切地把每一个想法、每一个观点落到实处，争取在保证教学实效的情况下，关注全体学生的兴趣点，从而实现由老师"教"转变为学生"学"。

四十二、集体备课

◎吕丽华

教学改革不畏难，集体备课谋新篇。
每日相聚围一圈，别开生面备课欢。
年长老师有经验，特岗教师方法鲜。
一起讨论无保留，相互学习共向前。
看完教材读教参，一举两得写教案。
确定本课重难点，核心问题是关键。
预设追问想齐全，游刃有余愁眉展。
思考讨论做汇报，认真倾听应万变。
水到渠成善总结，授之以渔才保险。
分层教学有拓展，举一反三常训练。
众人拾柴高火焰，领导雪中来送炭。
拨云见日解疑难，穷追不舍找根源。
学以致用常实践，争取卓越见平凡。

和煦的风轻轻拂过林梢，温柔的雨悄悄滴落土壤，温暖的阳光洒向万物。我们团结协作，攻克难关，活动中不断提升业务能力。在工作中我们忘记了自己，却始终装着孩子的整个春天。有了思想的引领，才有独特的学校精神——团结、担当、创新、勤奋、理想、坚守。就这样，我们把真善美的种子无声地播种于孩子们的心田……

（苗春萌）

桃李护育

一、无规矩，不能成方圆

◎苗雅梅

全体教师会议结束后，学校的各项常规管理工作有了明显起色。

早读进入状态更迅速，班主任组织有序；间操时段，从出教室开始，正副班主任能及时到岗，楼道喧哗现象普遍好转；校园内行走的队伍整齐紧凑，往日学生打闹、追逐、嬉笑玩耍的现象基本消失；大课间结束，学生整队踏步有力，精神十足；值日生值日速度明显加快，待在担当区无所事事的情况少了许多。项目组巡课时发现，大多数班级秩序井然，师生精神状态良好，只有个别班级教师关注全体学生的力度不够。各项工作中，起色最大的要数校本课程，入班期间有小组长引领，学生不再如脱缰的野马四处狂奔，课堂上师生积极投入，楼内安静有序，除两个班提前下课外，其他班级都能严格遵守作息时间。

"无以规矩，不能成方圆。无以准绳，不能正曲直。"作为学生，就要遵守小学生行为规范，作为教师，必须遵守教师职业道德规范。大家守文持正，学校才能实现精细管理，风清气正。但是，良好的风气不会自然形成，也不会一蹴而就，它需要制度的支撑，更需要一群人持之以恒地去遵守，去践行。出现偏差，就要及时调整航向，拨乱反正；遇到难题，就要开动脑筋，集思广益。这样，学校的管理才会上档升级，形成特色。

其实，教学管理同样是这个道理。课堂是教师的主阵地，怎样守好阵地，让学生喜欢你，"听你指挥、能打胜仗"，也需要不断学习，付出不懈的努力。

二、线上教学之课堂管理

◎苗雅梅

线上教学开展了一周，穿梭于老师们的课堂之中，个中滋味一言难尽。

众所周知，相比于线下教学，云端教学的课堂管理难度更大，情况更为复杂。正因如此，它对教师的管理能力和教学艺术就有更高的要求，需要我们潜心研究，努力探索。

首先，教师的心中要有标尺。网课前的班会，要提前打好预防针，跟学生"约法三章"。如按时起床、作息规律；坐姿端正、手臂放平；听讲认真、眼神专注；作业及时、书写整洁……每节课摄像头必须打开，能够清晰观察到学生的头部、手部动作，以便准确判断学生的听课状态。教师的高标准、严要求，是保持良好课堂秩序的基础。

其次，教师的眼中要有问题。巡课中，有些班级的孩子坐姿东倒西歪，左顾右盼；有些孩子三心二意，在公屏上聊天，语言极不文明；有些孩子的话筒随意打开，家中的嘈杂声不时传入课堂；还有孩子发言没有规矩，乱成一团……诸如此类现象，都是因为教师的关注度不够。网上教学，每一名教师都要做到"眼观六路，耳听八方"，看到不好的现象马上提醒，听到不和谐的声音立刻纠正，发现好的榜样及时表扬……绝不能睁一只眼闭一只眼，听之任之。只有这样，学生才能感觉到教师对每一个人的关注，从而全身心投入学习。

最后，教师的脑中要有策略。一节课的时间，怎样让学生学得认真，学得快乐，这是我们每个人都该思考的问题。化整为零，充分利用小组合作、组间竞争，彰更好地进行课堂管理；师生互动，讲练结合，避免教师的填鸭式灌输，使课堂节奏灵动多变，学生的注意力更集中；轻松愉悦，劳逸结合，穿插课桌舞、小律动、课中休闲，加上教师风趣幽默的语言，课堂会充满活力，学生也会自然地融入其中。

教师是课堂的组织者、引导者、实践者。课堂管理的优劣，将直接影响课堂教学效果及最终的教学成绩。线上教学的优质管理，是我们每一个人面临的新课题。希望面对新问题，我们能够找准契机，勇于挑战、不断追寻、突破难关。

三、磨刀不误砍柴工

◎徐莉娜

今天是最"出活"的一天，上午两节课，下午三节课，处理了许多作业批改的"尾巴"，学了新课，最重要的是开了近两节课的班会。升旗仪式上，郝主任给表现好的班级发了流动红旗，第三节课，赵主任又对最近的班级工作做了总结，并指出近一周的工作重点在维持行走秩序。趁热打铁，我也立刻在班里对这一段时间的班级工作做了总结。

一个班级就像一艘大船，班主任就是掌舵人。你导向哪个方向，孩子们就会朝着哪个方向发展。学习上，教师要求严格，批改作业一丝不苟，孩子必不敢偷工减料，潦草应付；纪律上，班主任发动全班同学与不守纪律现象做斗争，树立好榜样，慢慢班级正气就形成了；卫生上，班主任亲自检查示范，不断叮嘱督促，久而久之，孩子们就会照样学样。当孩子们知道你和他一条心，你不只是领导者，更是参与者时，孩子们的各种行为也越来越主动自觉。带班级和教育自己孩子一样，都不是一蹴而就的，但持之以恒，必有惊喜。

我和孩子们共同梳理了班里的各项事务，再次强调保持好的行为习惯的重要性，对不足的地方制定可行的改进措施。这一过程中孩子们的小主人意识进一步得到了强化，把他们的责任感激发了出来，做到班级的任何一件事都没有人是旁观者，这样，班级的凝聚力就越来越强了。

班会虽然占用了一定的教学时间，但班级精神得到稳固和丰富。正所谓"磨刀不误砍柴工"，班主任工作忙碌但让人很有成就感。

四、谈 心

◎徐莉娜

作为班主任，面对班里五十几名孩子，整天为各种事务"唠叨"，加上和孩子们"斗智斗勇"，一年当中得跟孩子说很多话。但细想起来，开班会的时候多，深入谈心次数并不是很多。因为平时的忙碌，很多事我就攒到班会上一起说。

今年学校为了把谈心落到实处，号召班主任用录音的方式记录谈心过程。起初我还很担心以这种形式交谈该如何组织语言。恰巧，今天几个孩子犯了错误，来到办公室，我突然想起不如开启录音，试试效果如何。

谈话中，我特意放慢了语速，先表扬了孩子的优点，又说了孩子最近的表现，指出不足之处，接下来，根据每个孩子的特点提出改正的意见。如甲同学，她的妈妈在私立学校教书，教学成绩非常优秀，每天忙得无暇顾及自己的孩子。家里两位老人管不住孩子，生活上也是百般溺爱，孩子爸爸常年在外地上班，这样的家庭情况让孩子形成了做事拖拉、丢三落四、精力不集中等不良习惯。今天正好借这个机会，我找到突破口，和孩子谈谈心。我先表达了对孩子妈妈工作上的优秀表现的欣赏，告诉孩子："有这样优秀的妈妈，你的智力水平一定也不差。"又表扬了孩子书写认真等一些长处，但更多的是指出孩子在学习和生活上的一些问题。最后鼓励她说："虎父无犬子，从这次测验成绩突出的进步

就可以看出来，你是非常有潜力的。"最后鼓励孩子以妈妈为榜样——"以妈妈为骄傲的同时，也要让妈妈以你为荣！"一番真诚的谈话下来，孩子脸上早已满是泪痕。

我趁热打铁，又找到了乙同学。她的爸爸是小儿麻痹症患者，双腿残疾，不知是因为自卑还是怕拥挤，接孩子时他总是最后一个到。我曾在心里为这位爸爸有个好女儿而欣慰，因为乙同学成绩优秀。每当看见她的爸爸笑呵呵地把手搭在孩子肩上，搂着她一瘸一拐下台阶，并慈爱地看着孩子有说有笑时，我都会受到触动，这位爸爸心里一定是充满欣慰的。但假期中，孩子脱离了学校的管理，散漫起来，不但假期作业完成得不好，而且开学很长一段时间学习态度都不认真。和对待甲同学一样，我也是摆事实、讲道理，告诉孩子要把好习惯坚持下去，回报父母的疼爱。当和她一同回顾父亲疼爱她的温馨画面时，没想到才说了几句话，孩子就泪流满面。最后我又鼓励了孩子一番，结束了谈话。趁今天有时间，我又与两个孩子谈了心，争取句句都说到孩子心坎里。

晚上，甲同学妈妈发来信息，感谢我对孩子的教育，说我的话对孩子触动很大！没想到学校的一项教研工作，我执行之后，竟产生了意想不到的效果。看来今后我要继续用好谈心这件"法宝"，真正走进孩子内心，因材施教，以达到更好的教育效果！

五、倾听学生

◎张天琪

　　自从当班主任以来，越来越觉得这个工作最忌讳性子急、冲动发脾气。班主任工作是个细致活，需要足够的耐心。如果在工作中遇事不冷静，容易把事情搞得一团糟。比如对待某个顽皮的孩子，开学这几天，我事事约束他，比以往更严格，因为他网课期间的表现很差，所以一开学我想尽快让他进入状态，结果却不尽如人意，还被他气得不轻，本想再坚持一下，可这样下去也不是办法。今天我故意没有理他。他早上见到我不敢看我，我也不特意关注，把精力集中到其他孩子身上，大半天下来他的表现却比昨天好，我也感觉轻松了许多。在班级管理方面，班主任如果事事发脾气，容易伤害学生的自尊心、自信心。毕竟每个孩子的家庭环境，父母对孩子的关心程度是不一样的，学生之间是存在差异的。如果说孩子们像早晨八九点钟的太阳，那么学困生就是迟升起来的朝阳，比起班里的其他孩子，更需要老师们的细心呵护，耐心指导。教师应当理解他们、尊重他们，然后循循善诱。对待学困生我们不可疏忽大意，作为一名教师，有责任也有义务教育好他们，让他们和其他学生一样健康快乐地成长，展现自己独特的风采。对于后进生，我觉得，想让他们有所提高，要抓住他们内心脆弱的一部分。我们可以先去关心他们，产生情感上的共鸣，使他们感受到教师给予他们的温暖。俗话说"亲其师，才能信其道"。这样才能让学生从内心发现自己的错误与不足，然后找到适合他们的学习办法，从而努力学习。我想他们每个人都有独一无二的一面，总有擅长的一面正等着我去发现。我还需放慢脚步，放松心态，去挖掘他们的潜力。

苏霍姆林斯基说过："教育艺术的基础在于教师能够在多种程度上理解和感觉到学生的内心世界。"我对这句话的理解是：在教育孩子的过程中，应该积极去倾听孩子的想法，与孩子交谈，从而了解他们的思想。可大多数时候我总认为学生是小孩子，不愿意倾听他们的想法，剥夺了他们表达的权利，特别是在学生犯错误时，更是不给他们说话的机会。这样不仅不利于对学生的教育，有时也会造成一些误解。工作再忙，我们也要给学生说话的机会，要尊重他们，认真倾听他们说的话，了解事情的来龙去脉。不仅是在遇到一些事的时候，平时也要利用一切可以利用的时间听听学生们的心声，听听他们的想法，感受他们的内心世界。

六、提升教师管理能力

◎苗雅梅

开学第一天，忙而有序！

迎着清晨的朝阳，刚到七点，领导和老师共计五十余人已经准时到位，引导孩子入学，维持校门口秩序。组织按通道行走的，安排家长停放车辆的，提示孩子找新教室的……所有人各司其职，井然有序，半个小时，二至六年级学生入校完成。在老师的提示引领下，孩子们找不到教室的现象几乎没有，校门口安安静静，教室内书声琅琅。

八点四十分，一年级的小豆丁们终于来了：小小的个子，怯生生的眼神，紧紧牵着家长的手，看起来极为可爱。他们被分别领到举牌老师的身后，然后在家长焦虑不安的叮咛和翘首张望中进入各自教室。不过大家普遍感觉，这一届的新生反应更快，更好组织，家长们对学校工作很配合，不聚集，停车有序，规则意识强，看来整体素质相对较高。

这一天，除了入学，我们上了课间操，开展了各年级入校离校演练，并进行了全校的卫生大扫除，各项任务基本顺利完成。还有令人出乎意料的一点，开学第一天，六年级的课后辅导已经开始。

其实，所有成功的背后，一定有提前的筹划和付出。准备充分，才能胸有成竹，事半功倍。为了顺利开学，学校领导经过了多次筹备会议，力争把每一件事想清楚，把每一个细节安排到位，把责任落实到每一个人，把家长、学生需要注意的事项提前通知强调……正是有了这么

多的准备，才有了今天的秩序井然。

这就是开学的节奏，忙碌、充实、有条理，但是说实话，也让人很疲劳。

当然，在一天的工作中，也看到了我们管理上需要提升的地方：入学时间错时错峰不够有效，低年级楼内秩序稍显混乱，卫生大扫除绝大多数功能教室和部分班级不合格。这些问题不论是因为工作千头万绪没有统筹安排，还是因为思想上麻痹大意，都需要我们深入反思，及时调整。

管理是一门艺术，提升教师的管理能力是我们新学年要研究的主课题。希望所有人都能在工作中且行且思且实践，让自己不断强大起来。

新学期，大家一起加油！

七、善于发现孩子的闪光点

◎姜海南

每一位学生都喜欢听到老师的表扬。老师要善于发现孩子们身上的闪光点，适时地表扬和鼓励，才能取得事半功倍的效果。在课堂中，有时候老师说话声音大，学生听课的效果反而不是很好。有时候老师轻声细语，抑扬顿挫地表达，学生反而会更能集中注意力听课。最近孩子们上课的听课状态有了很大的进步。同学们在老师的口令下，可以坐得端端正正，听课认真，勤于思考，积极地回答问题，这其中少不了表扬的力量。

今天和孩子们重新修改确定了班级奖励制度。曾经的小红花、小奖励贴似乎都不能很好地激发起学生努力做好的积极性了。学生觉得集齐奖励有点难，于是我降低了标准，让孩子们稍稍一努力，就能获得奖励，就能感受到进步的喜悦。以前获得十个奖励贴才可以获得表扬信或者课堂明星卡和纪律明星卡，现在改成五个奖励贴就可以获得表扬信或课堂明星卡和纪律明星卡。集齐五封表扬信就可以获得奖状，同时获得一次抽奖的机会，奖品也很丰富。这便激起了孩子们学习的积极性。班级管理需要方法和技巧，希望我们的班级可以越来越好，孩子们越来越优秀。

今天我在批改作业时发现个别同学汉字的书写有些潦草，究其原因是对汉字书写方法的掌握不牢固和书写习惯没有培养好。午写时，我引

导学生认真观察每一个汉字在田字格中的占格，观察汉字的间架结构和笔画间的穿插，引导学生说出写好汉字的注意事项。老师范写，学生书空，最后在本上练习书写。在孩子们写的过程中，我一个一个地看，看到写得好的，赶紧表扬。看到小艺今天的坐姿端正，我也表扬了小艺，告诉孩子们保持好的姿势才能写好汉字，有几名同学马上调整了坐姿。当我走到小宇的桌旁，看到他写得工工整整的汉字，特别规范时，顺口说道："真是字如其人，小宇写的字非常漂亮。孩子们，慢一点，把你的字也写漂亮吧！比比看，今天咱们班谁的字最漂亮。"看着孩子们认真地一笔一画地书写着，即便是慢了一点，也值得呀！最后，四个字都写完后，我又在展台上展示了两名写得特别棒的学生的作业，让同学们为他们鼓掌。

在写字课上，学生掌握了写好汉字的要领，养成了认真书写的好习惯。在榜样的引领和教师的鼓励下，学生的书写能力一定会有很大的提高。

八、一颗糖果

◎杨柳青

今天早上一走进教室，我就发现讲桌上面有一块粉色包装纸的糖果。我环顾教室，只有浩轩、宇航、嘉怡三个人。不出意外，应该是他们三个其中一个人放的。我看了看他们三个，只有浩轩害羞得低下头偷着乐，我知道这一定是他放的。我把他叫到跟前，问他："这颗糖果是不是你放的？"他不好意思地点点头。我问他为什么要送老师一颗糖果。他说："我就想送给老师一点东西，让老师开心。"

多么质朴的一句话，却让我感受到了最真挚的情感。我告诉他你有这份心意老师就已经很开心了，糖果你就拿回去自己吃吧！他说这颗糖是他特意给我留的，一定要收下。我谢过他把糖装进了口袋。而今天一天，他的表现都出乎我的意料。上课认真听讲，下课还帮助纪律监督员管理班级纪律。大课间因体委请假，他还组织同学站队，不仅口号喊得响亮，而且还监督得特别严格，就连哪个同学没有清扫地面他都能揪出来。我向他竖起了大拇指，他干得更起劲了。

做操回来后，我奖励了他一根棒棒糖，他先是拒绝的，我告诉他："这是你应得的，因为你今天的表现，让我看到了你的责任心，这根棒棒糖属于有责任心的人。"他接过去连连道谢。

其实班级管理当中，就需要这样的赏识教育吧！虽然他学习成绩还需提升，但是他有责任心，我们就应该像伯乐发现千里马一样，在他

熠熠发光的时候大加赞赏，不仅能增加他的自信心，还带动了其他人向他学习，从而让更多的人参与到班级管理中来。

一颗糖果，带给我的是信任，带给他的是赏识。希望这颗糖果能一直让浩轩同学坚持下去，成为我得力的小助手。

九、凡事预则立

◎陈凤龙

三周的网课，虽说老师和孩子们在线上都见了面，但线上与线下，网络和现实还是有很大的差异。远距离的不可控，学生和老师的不熟悉，还有孩子年龄小的特点，都为今天的开学增加了不确定性。怎么有序组织一年级新生入学？这让领导们颇费心机。

但今天早晨一年级学生入学井然有序。八位举着班牌的老师，挺直着腰板，精神抖擞。八位认领学生的班主任忙忙碌碌，穿梭在学生和家长队伍之间。八位副班主任，组织学生排队，领回教室进行看管。学校领导和引导老师，一边维持家长、车辆的秩序，一边从家长手中接过孩子，牵着他们的手送到班主任手中。"孩子送到这里，你就放心吧。""回家吧，忙你们各自的工作吧。""你们放心吧，中午按时来接就行啦……"一句句暖心的话语，让家长在不舍和感激中离去。

短短的二十多分钟，四百四十名学生全部有序进入了班级，并开始了有条不紊的训练。我们的工作，让小小的孩子也感受到了六小幸福教育的温暖。

为什么六小的一年级入学能做到如此从容有序？这源于学校的超前谋划和精细管理。学校在开学的节点多次召开班子会，进行了周密的规划。一年级开学的方式，从哪个门口进入，怎样迎接，安排哪些人，注意哪些问题，怎样联系交警和特警维持校门口秩序，队伍排多长时由副

班主任领回班等方方面面。想到了各个细节，才有了今天早晨的安全有序。这让家长们认识到把孩子交给六小是多么的正确。

六小从家长的角度、教师的角度、学生的角度、上级要求的角度出发，方方面面都考虑得周密详细。正是有了超前的谋划、精细的管理、人文的关怀，加之六小教师的敬业精神，才有了今天这么有序的场面。凡事预则立，不预则废，体现的就是管理和超前筹划的力量。

十、师生谈话技巧之我见

◎苗春萌

谈话是需要技巧的，老师和学生之间的谈话更是如此。多年来，我和学生的关系一直比较融洽，这和我与学生谈话的方式有着很大的关系。总结起来，有以下几个关键词：

一、平等。老师和学生在身份上是平等的，这种平等是一种心理上的平等，让学生感觉到老师是真诚地在和自己交流，而不是凌驾于自身之上的训话。

二、尊重。这里的尊重是人格上的尊重，而不是打着"都是为你好"的幌子让学生去屈服。教低年级的孩子时，我每次和他们谈话都会蹲下身子来，握着他们的手，看着他们的眼睛谈话。和高年级的同学谈话时，我基本上都是站着和他们谈。

三、多听少说。不要一味地指责、质问，诸如"你怎么又犯了这样的错误？"或者"你怎么就不能省点心呢？"，抑或是"说，你都错在哪里了？"。我会尽量多倾听孩子的心声，理解他们的内心想法，再提出必要批评或给出恰当建议。

四、保持轻松。人只有在放松的情况下才能让压力得到释放，所以我一般会选择开放的环境和学生谈话，比如在操场上，校园的亭子里，树下等，尽量不选择狭小密闭的环境。尤其在办公室里，当着众多老师的面，是很难做到有效谈话的。

五、语言技巧。口口声声对学生说为了他好不一定有效，重要的是让他能真正感受到老师是为了他好。语言的技巧性尤为重要，老师要从学生的角度去谈话，适当地幽默一下也是不错的做法。我想，这点对于老师来说并非难事吧。

十一、幸福来敲门

◎冼国民

终于等来了入校的喜讯。家长们、学生们、老师们一时间都兴奋起来，所有人都迫不及待……

从老师们亲刀亲为布置教室的桌椅，再到一笔一画勾勒出的板报，整个教室被装扮得有了生气，更显温情，充满了爱的味道。本不擅长绘画的我，也突发奇想将各种颜色搭配起来，不一会儿，盛开的无名花朵跃然笔下，在绿叶的衬托下显得格外有生气。"欢迎孩子们回家"几个红色大字赫然醒目。我看着右侧黑板上画的那棵大树，心想：孩子们就是在大树的庇护下茁壮成长起来的，我也希望他们学好文化，将来长成参天大树成为栋梁之材。更为俏皮的是树的主干上描摹的笑脸，栩栩如生。既然是久违的开学之际，那就再藏一个笑脸在枝头吧，多调皮，如孩子般可爱。我心里窃喜：孩子们一定会喜欢。我们期待着那一幸福时刻如约而来。

秋日清晨，虽凉风习习，但依然没有消磨我们回到学校的热情。我早早入班等候，孩子们三三两两来到新教室。没等大家坐到座位上，就被黑板画面所吸引，迫不及待地讨论起来……

凡事都需要一个积累的过程。我的"蜗牛班"娃娃也不例外，尤其是几员"拖拉大将"，确实是跟不上大家的步伐。我在班级管理中不断尝试，如何以最快最有效的方法转化这些学生。有时候虽有千万条妙

计，但还得靠孩子自己在实践中探索，在探索中不断总结才行。

　　每个学生被转化的程度也不是绝对一样的：有的可以转化得非常优秀，有的也许只能成为合格的选手。但无论如何，做总比不做好。只要有耐心，并且善于思考和总结，相信功夫不负有心人！

　　教育的路任重而道远，灵活找到适合不同孩子的方法才是最重要的。

十二、相信孩子

◎赵炎

每次在校门口值班都会看到熟悉的画面：家长恋恋不舍地送孩子进入校门，久久不愿离开；帮孩子把衣服整理来整理去；一声声嘱咐"多喝水、别乱跑、别跟同学打闹、上课认真听讲、有事跟老师举手说……"。

这一幕让我想起了自己第一次送孩子上学的情景，也是这样的千叮咛万嘱咐，担心孩子有这样那样的问题，恨不得能像孙悟空一样变成只小虫，跟着孩子去上学。

其实这些都只是我们做家长的一厢情愿。在我们还心慌意乱、恋恋不舍的时候，这些小家伙早就飞奔着跑进校园，痛快地享受校园的清新空气，高兴得跟老师大声打招呼，三五成群地和朋友聊自己的小秘密……

孩子的世界我们不懂，但其实真正脆弱的是我们，他们要比我们想象中的坚强多了。作为家长，我们总想给孩子安全舒适的环境，殊不知经历风雨的花儿才能开得更艳更久，悬崖峭壁上的雏鹰只有勇敢地迈出第一步，才能在空中翱翔。

作为孩子的父亲，我相信自己的孩子遇到困难的时候能坚强自立；作为六小的一名老师，我相信六小的每一名学生都能做到不怕困难、不怕挫折。也请各位家长放心，孩子们来到六小这个大家庭，就是这里最

珍贵的宝贝，我们每一位老师都会爱护这些孩子。

　　幸福从这里起航！这是我们的口号，愿六小的孩子是雄鹰，从这里起航，迎着风雨、拍打海浪、无畏前方、幸福翱翔！

十三、新学期，我们一起向未来！

◎苗雅梅

带着忐忑与期待，终于如期开学了！

早晨的天有些许阴云，但并不寒冷。孩子们到校的秩序比预想的要好一些。到门口的同学已经按老规矩排好队伍等候。校门口设置好各年级通道，贴好一米线。校领导、值班教师、值勤学生早早就位，指挥孩子们进入校园。伴着广播里老师们甜美亲切的声音，甬路上、楼道里，安安静静，秩序井然，听不到大声喧闹，看不到拥挤跑跳。这是各处提前规划，班主任做好叮嘱、提示的结果。

走进楼内，楼道干干净净。教室内桌椅整齐，黑板上画着漂亮的图案，还有各具特色的欢迎词："春风十里，不如教室有你""春暖花已开，欢迎回家"……有的班级桌子上摆着专门给孩子们准备的小礼物，这一定是一份不小的惊喜！教室里端端正正坐满了孩子，小眼睛闪着光。低年级的老师正声情并茂地讲述绘本故事，中高年级教室传出琅琅书声，清脆悦耳。看来老师们都提前备好了课，下足了功夫。

班主任开始忙碌，上报学生人数、组织大课间、领着孩子们抱回教材、上好开学第一课、参加班主任会议、开展集体备课……一切看上去都紧张而有序。

良好的开端是成功的一半。开学第一天，一切步入正轨，无论老师还是学生，这是六小一贯的作风，今年尤为突出。

伴着春日暖阳，新学期，我们一起向未来！

十四、一起向未来 幸福去远航

◎徐莉娜

　　朗润清新的空气，安静整洁的校园。一个假期后，第一天踏进六小的大门，心情一下舒畅开阔起来。在学生到校前，在紧张的忙碌前，我们惬意地享受着校园的美丽环境。

　　学生到校第一天，我们便无暇顾及那份美，投入到各项工作中。因为有了开学前校长振奋人心的鼓舞，我们感觉浑身充满了要大干一场的劲头，也斗志昂扬地打响了第一天的"战斗"，意气风发地计划着这学年的各种目标——让班级管理再上一个台阶，让学生成绩更有起色，让家长更配合我的工作，让后进生赶上来，让优等生发扬优点，给予家庭困难的孩子更多帮助……校长提到了冬奥精神，谷爱凌的"睡好、吃好、热爱"几个关键词给我留下了深刻的印象。班会课上，我把它们传递给了我的孩子们，让他们从小懂得要做优秀的人，为校争荣，为国增光，为自己增彩！看到孩子们鼓足劲，闪着期待的眼神，我也激动起来。新学期让我们一起扬帆起航，一起向未来！

　　行为有规范，文明有依照。今天还有一个重要的收获，就是参加班主任例会时，学习了班主任考评细则。整整七页的条款，我惊叹于我们学校把班级管理工作做得如此细致全面，精细到每一个小细节。如果按照这样的标准去做，没有管不好的班级，没有不文明的学生。陈书记说："班级管理上去了，成绩少有不好的。"新学期，我要按照这些规

则，继续细化强化我的班级管理，打造充满凝聚力、自主管理意识强、幸福健康的班集体。

六小的生活，总是带给我很多新鲜感，听了政教处开学典礼的创意元素——火炬、歌曲、轮滑，我眼前一亮。和这些年轻人在一起，我的生活充满了挑战与新意，不由得也激情澎湃起来，当《一起向未来》的歌曲与《幸福起航》巧妙地衔接在一起时，奥运精神便与我们的幸福教育紧密相连。新学期让我们擂起战鼓，火力全开，一起向未来，幸福去远航！

十五、班级管理之我见

◎李国艳

我在班级管理中有一些小方法，整理如下。

首先，班干部、值周班长的使用和管理。对不同情况的学生培养他们不同的服务班级的管理意识。相信孩子，让孩子放手去做，让每个孩子都找到归属感。孩子找到了适合自己的位置，会将自己的主人翁精神发挥得淋漓尽致，班级的荣誉感、纪律也得到了维护，孩子自身的学习兴趣也能得到激发。每周我会根据每个孩子的特点，让自主管理能力强的和自主管理能力稍差的相互配合，结成管理小组。每周我都会选出3名值周班长管理这一周的上下操、放学秩序，协助卫生委员检查班级卫生，协助班长管理班级的课间纪律，协助学习委员维持好晨午读秩序。每周我会再从3名值周班长中选出最称职的值周班长奖励100枚幸福币，免写1次语文作业。连续两次被评为优秀值周班长的，就可获得班级光荣榜上的六星。经过这样的调整，孩子们都争先恐后地当值周班长，班级风气也就正了。对于班委会成员，我决定每周全班评出这周最负责的班干部，奖励1次免写作业，连续5次被评为优秀班干部的，直接获评校级"优秀班干部"，这样班干部们就有了干劲。每周全班评选出学习进步的、卫生进步的、纪律进步的、上课回答问题进步的同学各1名，每人奖励100枚幸福币，并获得1次机会免写部分语文作业。这样全班的孩子都有了积极性，班级里的卫生、纪律情况都能得到较大改善。

其次，在班级卫生方面建立管理制度。保证班级卫生是我们每个班主任最头疼的事，往往是早上卫生搞得特别彻底，到第一节下课，教室里就又是一片狼藉。针对这种情况我在班级里是这样做的：

一、每节课下课，卫生委员提示孩子们用1分钟高效打扫，用小笤帚把自己座位周围的卫生简单地收拾一下，如果有的老师不下课那就下节课一起打扫。同桌之间相互提醒，以防有些孩子忘记了，这样班级卫生就有了保证。

二、每天同学们评出这一天卫生保持最好的5名同学，并结合小组情况进行奖励，可以是20、50、100枚幸福币，当天兑现，由此起到立竿见影的效果。长此以往地坚持下去，孩子们就会养成习惯，班级的卫生情况就会有所好转。

三、让值日生做好值日工作：

1）将全班同学分成5个小组，每组11人，每组选出2名小组长，负责给剩下的9个人分配任务，组织好他们做值日工作。组员做好值日，组长检查合格后组员才可以去楼道站队，否则就重新值日或让该值日生跟着下一组再做值日。

2）每天由全组成员评出2名优秀值日生，只要被选为"优秀值日生"，奖励100枚幸福币。这样一来，孩子们的积极性就高了起来，班级卫生也不再那么令人头疼了。

3）每周从5个组长中选出最佳"组长"，奖励200枚幸福币，这周的"值日最优秀小组"每个成员获得200枚幸福币，以此建立组长的威望。

最后是班级纪律方面，包括入队、上操、放学的纪律管理，我是这样做的：

一、开班会宣布站队的要求：快静齐。第二节下课时，班长负责提醒老师下课，然后给同学1分钟收拾桌面、保证地面卫生，保持安静并快速至楼道站队。

二、值周的3个班长，两个去楼道组织纪律，另一个在班里督促大

家快速站队。

三、对于在规定时间内完不成站队的同学，罚值日1周，抄写语文课文。对于每次站队既快又安静的孩子给予20、50、100枚幸福币的奖励，获得1次免写部分语文作业的机会，这样孩子们的纪律性就增强了。对于那些纪律意识淡漠的同学，实行恩威并施的办法，对他们进行单个演练，哪怕他们有一一点进步也给予表扬。这样他们就能逐渐找到自信，向着好的方向发展。

四、对于那些情况实在特殊的孩子，我就采用"帮扶"措施，让那些行为表现较为优秀的孩子手把手地教他们如何快速收拾桌面、地面，怎么安静有序地站队。

五、队伍在行进时，我让3个值周班长一前，一中，一后跟着队伍维持纪律。对于违反纪律的孩子，值周班长会把名单给我，我会根据其违纪情节的轻重程度采取不同的惩罚措施。不是很严重的加以说教，如在队伍里和别人交头接耳地说话的；稍严重的语文作业部分加倍，如在队伍里大声说话的等；很严重的打扫卫生间一周，如在队伍里又跳又嚷的。迄今为止，还没有孩子严重违纪，看来他们都怕去扫厕所。

以上是我对班级管理的一点拙见，还有很多不成熟的地方，希望对大家有所帮助。

十六、做班级小主人

◎张小雪

"人人有事做，事事有人管"，今天听了魏书生的讲座，我对班级事务个人承包这件事的理解更加深刻了。这种管理方式，不仅仅是出于班里的具体事情要责任到人的实际需要，更是调动学生自主管理的积极性、培养学生的责任心和锻炼其自主管理能力的最有效方法。每个人都是班级的主人，每个学生都要为班级服务，正所谓"人人为我，我为人人"。一定要培养学生的自主管理能力，因此今天的综合教育课内容安排得很紧凑，除了选拔足球赛队员和班级举行声乐器乐比赛的初赛的任务安排，最重要的是个人承包班级事务责任的确定。之前的值日组工作分得比较细，具体到楼梯每段台阶，楼道每一行瓷砖，室内每一行座位以及黑板、书橱、窗台、暖气、扫除用具的摆放等。既然五十五名同学所有人都要有事做，那么这些任务显然是不够分的。于是，今天我让所有同学自己想一想，能为班级做哪项服务。我想，只要孩子们集思广益，一定能比我自己想到的更全面。同学们非常踊跃，有的报名检查红领巾、有的检查戴口罩、有的浇花、有的管理班级图书角……甚至连平时最难坐下来静心读书的崔同学，都举手争着要当早读管理员。（今天中午让他拿着课外书在教室前演示大声朗读，带动全班大声读书，看来这件事还是有效果的。）由于时间关系，个人责任定岗只完成了半数。原来准备这节班会课对上周同学们的表现进行总结和奖励，今天也没有

如期完成。未完成的事只能再安排，希望同学们尽快行动起来实现自主管理，我只是指导者和监督者，而不是事无巨细的执行者。

自从昨天听了教育专家李镇西先生的讲座，"怎样走进学生的心灵"这件事就印在了我的头脑里。仔细一想，每天我们研究班级管理、进行集体备课、举行各种活动，其实都是围绕着怎样教育学生这一个中心，而教育学生的前提就是走进学生的内心。如果不充分了解学生心理，一切工作都是行不通、经不起推敲的。反思自己，每天对着五十几个孩子，我真的了解他们的想法吗？脑海中放映电影一般回想今天令我印象深刻的面孔：主动要求承包任务的陈同学、主动浇花的吴同学、终于没忘记换名帖的佟同学、作业还不合格的李同学、写字进步的吴同学、"坑"好友的崔同学、让各科老师都头疼的王同学……每位同学都各有特点，就像一个个不相同的音符。若想把他们组织成美妙和谐的乐曲，除了需要一套完美的制度，还需要师者"善解人心"的魔法棒。无论学习还是自主管理，只有符合学生心理才能调动他们的积极性，方案才能行之有效。希望自己能够练就"识人心"的本领，应对各种问题能够一针见血地解决。

为了提升班级凝聚力，最近我重点监督和指导学生们的自主管理工作。今天通过检查学生的日记，我发现足球联赛对增强班级凝聚力起了很大作用。之前的两次比赛一胜一负，每一次都牵动着同学们的心。听体育老师说还要再比一次，这次我让同学们自主讨论制定策略和选择队员，把活动的主动权完全交给他们。今天还和学生们一起制定了班级奖惩办法，鼓励学生说出自己想要的奖励，动员同学们自己制作小奖品。卫生间卫生搞得不彻底，我就指导值日生利用课间去完善值日工作，把最困难的擦门玻璃的任务给了他们。培养学生自主管理能力是一个动态持续的过程，我们还需继续努力。

十七、"班级承包责任制"

◎呆兴华

经历了两个多月的暑假，加上之前一段时间的网课，学生们似乎变得懒散了很多，班级脏乱差的情况又显现出来。为了把这样的苗头扼杀在摇篮里，我今天专门给孩子们开了班会，强调了干净整洁的教室对于一个班级的重要性。我细化了班级卫生管理制度，责任到个人——谁摆书包，谁擦黑板，谁整理扫除用具，谁负责检查同学们桌面摆放，谁负责检查桌堂，实行"班级承包责任制"，让孩子们都明确自己的职责。

但更重要的是整洁环境的维护。我采用的是"就近"原则，即区域卫生谁挨得近，整理卫生的责任就归谁。譬如讲台，就由最前排三个同学负责，教室前门口就由靠近前门的第一排的两个同学负责。书橱、后门等其余所有区域都是由挨得最近的同学负责。日常教室卫生同学们各负责周围半米的地方就可以了，这样整个教室任何一个地方出现纸屑或其他垃圾都可以找到责任人，任何地方出现卫生不良的情况一律按区域扣分到责任人。希望这样的卫生制度能起到一定的监督效果，让我们一起拭目以待吧。

自从实行"班级承包责任制"以来，我发现班级里的昊昊同学真是进步特别大。原来他是班级里最邋遢的学生，书包里面乱七八糟，作业永远找不到。桌面更不用提了，各种试卷、作业本、课本、笔、橡皮等混到一起，不是这个被柔坏，就是那个少半边，个人卫生真可以用"惨

不忍睹"来形容。为了改变这个现状，同学们和我一致决定让他来当"桌长"，即检查全班同学的桌面。接到这个任务时，他很兴奋，但是在管理的过程中，好多孩子不服气，说："你摆的还不如我好呢，凭什么管我？"他似乎也意识到自己的问题，于是每天都把自己的桌子摆得整整齐齐的。久而久之，不但他的桌面整齐了，班级整体的桌面也整齐了很多。今天的班会课上我表扬了他，看得出来他是真开心。

我们要想从繁重的班主任工作中抽出身来，就要培养孩子自我管理的意识，让他们真正成为班级的主人。

十八、让学生因你而幸福

◎徐莉娜

周一我参加了学校政教处组织的第二次专题培训——"如何打造有凝聚力的班集体"。听了老师们的理论和方法介绍，观看了教育大家李镇西老师的视频讲座，我收获颇多。

李镇西老师一直是我崇拜的名师。他是一位长期奋战在一线，有多年教学经验、博学多才的老师。他把终生的心血奉献在教育事业上，是真正走近学生，了解学生，热爱学生的好老师。虽然没有惊天动地的伟业，但他的每一个教育故事都非常感人。阅读他的著作，几次让我泪湿眼眶。他的心中装着一个个特殊孩子，用书信和孩子们谈心，开展丰富的班级活动以提升班级凝聚力，是不可多得的将理论与实践集于一身的"宝藏"专家。而如今七十多岁的他敢于质疑一些教育"怪象"，用自身力量为教育事业贡献所有，这样的教育人怎能不让人敬佩？

视频中的李镇西，当时还是铿锵有力的年轻人，头发黝黑，声如洪钟。多年后他的教育思想依然不过时，还是那样引人深思，值得我们学习借鉴。他说："要让学生因我的存在而感到幸福。"这也是我的座右铭。设想生活在李镇西老师的班级里，能接触到一位博学有爱心，随时随地和你聊天，时不时还带着你出游的老师，你说幸福不幸福？而当你有了烦恼，只要给老师写一封信，他会立刻给你回一封长信。哪怕他身居高位，再忙也会把你的忧愁放在心上，你说幸运不幸运？在你过生日

的时候，能惊喜地收到老师送的一个笔记本或一本书；刚开学，见到老师的第一面，他竟然能喊出你的名字，你说惊讶不惊讶？他和学生打成一片，有时都不敢到学生中间去，会被班里的男孩子团团围住出不来。当他的学生家长就更幸福了，不但能读到老师不时推荐的好书，还能收到老师赠送的自己的著作！我虽做不到李老师那么优秀，但我时时以李老师的标准要求自己，希望通过自己的努力，做孩子生命成长中重要的人，让孩子感到生活在自己的班集体是幸福的，是幸运的。我们不仅是师生，也是朋友。

李老师最擅长做的事就是和学生谈心，走进学生内心。他批评很多老师的工作浮于表面，囿于琐碎的工作，忽视了学生才是我们工作的中心。这句话让我对工作定位有了更清醒的认识，我们要做孩子最信任的人，知道孩子在想什么。

李老师带的班集体，都有自己的班名，有自己班级的奋斗目标，这就很好地增强了集体的凝聚力。班级成员共同制定班规班法，组建为班级服务的班委会，才能紧密地把班里的每一个成员都团结在一起。一个班主任必须有一套自己的带班之法，也许它们不尽相同，但有一个共同的目标让班级阳光、积极、向上。让我们多学习，不断实践，集众家之长，打造属于自己的，充满凝聚力的优秀班集体。

十九、班级管理之关注每一名孩子

◎姜珊

今天是周四，也是大家期待的校本课时间，我们班的小X也不例外。对他来说，购买了一双轮滑鞋是多么开心的一件事。可是由于他购买得太早，不符合轮滑社团的要求，所以早上我刚到学校就接到了孩子妈妈的电话：孩子在家把卧室门锁上，不想来上课，原因是自己的轮滑鞋不符合要求。他要求家长重新买一双，用来给自己上校本课。

听到孩子妈妈这样说，我感受到了孩子对轮滑的热爱，那我又怎么能打击孩子的积极性呢？于是让孩子妈妈把电话给小X，和他说先来上课，其他的等下午校本课老师具体要求确定后再下定论。孩子终于来上课了。可是下午小X还是垂头丧气地回到班级。我猜到肯定是因为鞋子不合格，于是告诉他我准备和校本老师沟通一下，让他等我的结果。孩子感受到我语气的坚定，心情缓和了些。看到他期盼的目光，我觉得我得把这个问题解决。

和校本老师沟通的过程中，老师表示为了孩子的安全，必须按要求购买合格的轮滑装备，而这样的装备价格也不便宜。考虑到小X的家庭情况，我觉得他这个校本课肯定上不了了，他是重组家庭的孩子，我也领会到孩子妈妈早上给我打电话时对于孩子想要轮滑鞋的态度——她肯定不愿意再花这么多钱给孩子买新的鞋子。我想到孩子对我的期待，陷入了沉思，该怎么办呢？突然，我想到一个两全其美的办法，和前一

年上过轮滑校本课的孩子小Y的家长沟通了这件事。小Y家长爽快答应了，表示愿意把鞋直接送给小X学轮滑。我担心这样做小Y心里会有些失落，于是和小Y妈妈约定每周四下午校本课将小Y的鞋借给小X用，等课程结束再让小Y带回家，小X回家可以在确保安全的情况下，用自己的鞋练习。这个问题解决了，我也松了一口气。

和小X爸爸说了我对孩子不能上校本课的担心，以及我给他们想到的解决办法，孩子爸爸一直表示感谢……挂了电话后我也很开心，因为我为孩子的热爱做了一点力所能及的事。希望孩子每天都能没有烦恼地做自己喜欢的事，开开心心地走进班级，快快乐乐地回家去。

二十、班主任的"心"

◎任建健

最近看到一句话我很有感触：班主任要有妈妈的心、媳妇的腿、婆婆的嘴。班级里总有一些"小捣蛋"，只要是违纪现场，就能看到他们的身影。

小宇就是其中一个，他的个子在班级里最高，是老师的"左膀右臂"，总是离老师最近。看起来高大稳重，实则十分叛逆，他的叛逆体现在油盐不进。一年的时间里我软硬兼施，结果却不尽如人意。但是一年里我也积累了很多的"战斗经验"，经过反思，我又重新制订了"作战计划"。

小宇是单亲家庭，在他的心里妈妈是陌生的存在，我想在学校里成为小宇的"妈妈"，走进他的心里；以朋友的身份进行沟通，聊天，关心他的生活，也走进他的生活；以老师的身份给他鼓励，帮助他克服困难，建立自信。我相信"妈妈的心"或许就是破解小宇内心问题的钥匙。于是今天我抽时间与他进行了第一次聊天，这也是我计划的第一步，希望我能帮助他，让他也成为眼里有光，自信向上的男孩。

当炎热的夏季渐渐褪去它的热浪，当秋日的阳光洒满校园，我们又迎来了新的一学期的开学典礼。每年的开学典礼都新意满满，也心意满满。在开学典礼上，我们穿越古今，聆听不同时代教育者的共同心声。在开学典礼上，不论是老师还是学生，都感受到了榜样的力量，确定了新的目标。

　　开学典礼是学校教育的重要组成部分，标志着新学期的开始，为新学期创造良好开端。其实，每一次大型活动，也是考验我们班主任班级管理能力的时候。今天，由于活动中安排了教师参与的一些环节，即使之前开过班会，但离开了老师的监管，孩子们还是开始肆无忌惮地享受起了这"自由时光"。活动结束，回到班级，趁热打铁，我马上对他们进行教育。这次班会中，我引用了昨天佟辉老师博客中的话：当你走出二年一班的大门，你的一言一行代表的是咱们班；当你走出六小的大门，你代表的是我们学校。集体是个人组成的，就像汪洋大海都是小水滴组成的。因为有了你们的努力，水滴才拥有了无穷的力量。我们的班级，需要每一位水滴的守护。

二十一、阳光班级

（一）有你真好

◎王妍娇

一个优秀的班集体总是离不开优秀的班委，他们，就是阳光班里最亮的那些光。今天是撤换"班级文化"的日子，没等老师说，我的小班委们就已经悄悄地动起来了。辅导时间他们特意和我申请，利用最后的十分钟来分配制作任务，小小的身影、清脆的声音、利落的动作、宛然就是一个迷你版的"我"。是啊，转眼间，担任这个班的班主任已然四年多了，我的一言一行早已刻在了他们的眼中。中午来到学校，我一眼就看到了撤换下来的班级文化道具整整齐齐地摆在我的办公桌上，能够利用点滴时间将复杂的事拆分成简单小事一件件来完成不也正是我一直在努力教他们的吗？这群孩子，还真是有心人呢！到了周一该收作品的时候，果然不负众望，组员们都很积极，虽然有的作品并不完美，但也能够看得出他们是用了心的，所以我提醒班委们："这回，咱们不只要选优秀的，也可以选择一些认真完成作品的同学，人无完人，进步就是好的。"听到这，孩子们都兴奋起来，不由得走上前去"拉拢"班委。秋风虽寒，阳光正暖，完全脱离老师，由班委主导，学生自主设计的第一期班级文化就这样上墙啦！遇到事情，班委能主动担当，全班同学能

够心往一处想，劲往一处使，这样的班级，有我，有你们，有阳光，真好！

（二）教育之路 一路生花

◎刘颖

后进生的转化教育是班级管理的一大难点，后进生的工作做好了，班级的整体质量才会提高。

小杨是班级闻名的"懒丫头"，她懒的原因一方面来自自我约束不够，一方面来自家庭环境的影响。二年级时父母离婚，她便开始和爷爷奶奶以及姑姑生活在一起。学校的任务她都可以很好地完成，但是不能回家，不能放假，只要回到家中，一切与学习有关的任务都与她无关。关于她的情况，我与她的母亲沟通过几次。虽然她的母亲在电话中表示支持老师工作，希望孩子变好，但是言外之意也有让孩子放弃学习的意思。家庭教育无法改变，那么只能从孩子身上入手。

人都是有归属感的，每个人都需要爱、需要关怀。我在下课或空闲时间总是找她聊天，聊她喜欢的美食，衣服、爱看的电影、动画片，提醒她天冷加衣，天热避暑，却从不谈学习。

爱是有神奇的力量的，日子久了，她和我越发亲近。我的课上她总坐得直直的，小眼睛闪着光。作业嘛，自然也没有完不成的现象了。

所以很多时候，我们在班级管理中应该倾注更多的爱。孩子在得到老师的关爱后，内心深处才会产生无穷的力量，从而乐于接受老师的帮助和指导。

二十二、打造富有凝聚力的班集体

◎付晓丽

今天的班主任例会，进行了主题为"如何打造富有凝聚力的班集体"的班主任管理能力提升培训，我受益匪浅。这次培训为我们今后打造富有凝聚力的班集体指明了方向，提供了有效的方法指导。在这几天的工作中，我有意识地把学到的方法运用在班级管理的点滴中，并且取得了一定的效果。

（一）化解学生矛盾，走进学生心里，做孩子们最信任的人

周末接到了三个电话，一位同学的爸爸打电话说自己的孩子被另外四个孩子打了……让我调查一下具体情况；一位同学的妈妈说自己的孩子在争执中被扇了脸……让我问问怎么回事；还有一位同学的妈妈说自己的孩子总受欺负……让我给个说法。接到这几个电话，我的心情久久不能平静，班级里竟然"默默地"发生了这么多事。于是，今天我与孩子们近距离地沟通，希望能走进孩子们的心里，成为孩子们最信任的人。

通过一对一的沟通得知，这些所谓"纠纷"并非家长口中所说的"欺负""打架"，而是孩子们之间的打闹。但这些小事也不容忽视，这也是班级管理中暴露出的问题，不利于优良班风的形成。

单独教育过后，我回到班级召开简短班会，告诉孩子们要明白团结

友爱的重要性，班集体的温暖需要我们每一个孩子友好相处。孩子们若有所思地点了点头，希望老师苦口婆心的教育，能遏制不良风气的滋长，为良好班风的形成奠定基础，为打造富有凝聚力的班集体做好充分的准备。

（二）丰富班级活动，拉近与学生的距离，让学生有幸福感

本周美术老师请假，于是美术课成了语文课。孩子们小声嘟囔："我们可以自己画的……"极不情愿的表情"写"在脸上。看来还得用点心思，不然语文课效果也不会太好。于是我对他们说："我们练习一会儿音节的拼读，就读绘本《小羊肖恩》。"带着这份期待，孩子们听得很认真，积极性很高，学习拼读也显得兴致高昂了。我也兑现了自己的承诺，跟他们一起读了二十分钟的《小羊肖恩》。每个孩子都是那么可爱呢，笑容可爱，小样子也可爱，专注的眼神更是可爱。此时此刻的氛围充满了幸福的气息，相信不久的将来，我的孩子们对我不仅仅是怕，还有喜爱和敬佩。

写字课上，为了活跃沉闷的课堂气氛，我特意准备了两个手指放松操。

当孩子们书写疲惫的时候，伸出双手做一做手指放松操，脸上的笑容又灿烂了起来，一边运动一边感受"写好中国字，做好中国人"的气氛。让手指和身心得到放松，接下来的书写就会更认真些，认识到学习也可以是快乐和幸福的。

当课堂气氛沉闷，孩子们兴趣不高的时候，老师不妨给他们点小惊喜，加点小调味剂，这样，师生关系会更加和谐，课堂教学也更加顺利，孩子们和老师也多了些快乐和幸福感。

班级管理有章可循，但也没有固定模式，我们需要抓住每一个细节，激发孩子劳动、学习、遵守纪律、讲卫生的积极性，从而打造出富有凝聚力的班集体。

二十三、班级管理之如何用好你的"兵"

◎叶阿琴

有时我觉得班主任就像带兵打仗的将领。要做到用人不疑，疑人不用，让学生真正参与到班级管理中，他才能对班级有归属感，才能产生积极向上的动力。可是怎样给每个学生安排适合他的班级岗位，却需要我们好好动动脑筋。有些孩子外向、开朗、热心肠，我们就可以给她安排与人打交道的工作，比如放学时监督同学们戴口罩，在楼道里提醒同学们不跑不跳安静行走。而有些孩子内向安静，还有些胆小，可是却很稳重。对于有这样特征的孩子，我们就可以给他安排与物打交道的工作，比如查验输出物品摆放、维持墙壁清洁等。孩子们只有在适合自己的岗位上才能发光发热。这就需要我们有一双慧眼，去发掘每个人内在的潜质和优点。这样才能用好我们的"兵"，打好每一场仗。

在班级管理中，我们要相信不管多么淘气的孩子，他的内心深处都有着向真、向善、向美、积极向上、努力学习劳动的一面。老师的作用就是帮助他们让这些种子发芽成长，让他们成为老师的得力小助手。今天有个平时很淘气的小男孩，在我擦黑板的时候竟然主动说："老师，你歇歇，我来擦吧！"本来我担心他够不到黑板的高处，打算拒绝的。但转念一想，他不知道私底下给自己打了多久的气才敢和我说话，我怎么能拒绝他呢？于是我欣然接受了他的帮助，看着他乐呵呵地把黑板擦得干干净净，我想他一定也和我一样心里充满了成就感。

班主任培训内容里边有一句让我印象很深刻的话：教师和学生的谈话相处不应该都是功利性的。反思自己，好像我在与学生的相处中，真的很少随意地谈一些爱好。恰好今天有一个小女孩在下课的时候忽然找到我说："老师，你看我新买的橡皮。"那是一个草莓形状的橡皮，有着绿绿的叶子和红红的果实，很漂亮。其实我的第一反应是这样的橡皮，对于孩子的手来说太大了，擦起来不好着力容易把本子擦破。幸好我把这个想法关在了嘴巴里。如果我这样说，小姑娘该多伤心呀，她只是想让我看看她漂亮的橡皮而已，我却说它不好用。于是我告诉她："橡皮真漂亮，用它擦字心情一定都变好了。"果然小女孩听到这里猛点头，亮亮的大眼睛好像在说"老师你懂我"。我觉得给予学生关爱，有时不见得是慈母的温柔或严父的规诫，像朋友一样分享彼此的开心快乐，更容易拉近彼此心的距离。

二十四、收 获

◎王国玉

"终于可以去学校啦！"在闺女的欢呼中，我们俩共同迈进了期盼已久的地方——丰宁第六小学。

这一天虽然很忙碌，但我收获颇丰。

看到孩子们迈着欢快的步伐走进校园，我的嘴角也跟着上扬；看到有孩子眼含泪花，与家长依依不舍道别时，我的心也跟着伤感。内心有一个声音告诉我：我要让孩子们以后每天都开开心心来上学。

课间训练队形时，由班级内到教室外站成两队，一开始我们是一排一排地出门，没有固定位置，每次在变成四队时都要重新找人，感觉很乱。中午我询问了其他班主任后，下午便改变了策略，重新排队。下午的训练远比上午有效。所以，在今后的工作中，我要虚心向各位前辈多多学习，弥补自己工作的不足。

今天是豆丁们第一次值日。

下午课间，我把值日分工告诉了大家，每个人都非常积极，都希望自己被点到，想为班级做点什么，这让我非常欣慰。

在第一天的值日中，可以说大多数孩子都知道做什么，只有几个不知道该干什么的，这说明我的分工还不够精细。虽然都是扫地，有的同学就知道扫哪，有的同学就像无头苍蝇似的乱窜，所以在分配任务时候我应该具体到每个人做什么，比如靠窗户的那列桌子谁扫，中间的谁负责，靠书柜的谁负责……当目标明确了，每个人都知道自己做什么，就能很快完成任务。所以值日表还要再具体分工，重新制订。

值日中，我还发现了几位干活小能手呢。他们眼中有活，手脚勤快，所以我表扬了他们，孩子们特别开心。作为大家长，我们要利用一切机会表扬他们，激励他们，让他们越来越自信，这样不仅他们的劳动能力会越来越强，其他方面也会往更好的方向发展。

二十五、初 识

◎徐莉娜

第一天，初见到我的孩子们，他们给我留下的印象是这样的：一个个小豆丁，干净漂亮，忽闪着亮晶晶的眼睛，透出一股机灵与可爱；纪律性很好，走进教室，他们安安静静，端着书本不吭一声。虽然有几个孩子不时拿小眼睛从书本上头偷偷地瞟我，却让我觉得他们更加招人喜欢。几个小姑娘，争着抢着，无比热心地告诉我卫生怎么搞，活都交给谁干，让我渐渐理清了思路。瞧瞧，咱六小的孩子就是不一样。下班回家，我心满意足地对家人说："今年接手的这群孩子好，一个个都很机灵，越看越爱。"

刚上了几节新课，做几次作业，我这一双"火眼金睛"就已经把他们看清了：有孩子作业交不上，总是走神；有孩子一双小手不停捣鼓，课桌下是他的天地；有孩子上课往桌上一趴，一条腿伸到过道上，同学说以前上课他还经常睡觉；有孩子头发乱得像刺猬，衣服味道难闻；还有孩子不会听课，不懂做笔记，不是抠手就是啃手，上课头都不抬；而有些孩子说话声音极小，我常常要问好几遍，才能听得清，可是除上课外的其他时间又十分吵闹；那两个帮我安排卫生工作的女生每天不停地在班里叽叽喳喳，毫不顾及课堂秩序……

这种种状况让我乐观不起来了，好在我也看到了孩子们很多优点：他们写字虽慢，但绝大多数都能写得工工整整；大家普遍认真，学习积极上进；班里孩子学习能力相当。当我把好的方面和坏的方面都一条条分析后，就能泰然处之了。孩子刚刚升入三年级，其实还是二年级的水平，那些学习不上道的孩子，本性并不坏，还是想做好孩子的。只要老师耐心去教导，相信他们都会好起来的。作为一个工作已二十几年的老班主任，我也能高效管理好这样的班级。孩子还小，都有可塑性，再说，不犯错就不是孩子了。况且，每次和家长沟通，家长都对我十分信任，让我放心管教。三周下来，我和孩子互相磨合，相信终有一天，他们会成为优秀的少年，让我们师生共同前进吧！

二十六、让学生读懂你的"偏爱"

◎高炀

师生共处最美好的状态或许就是保持亦师亦友的关系。孩子在成长的过程中，心理日渐成熟，逐渐形成自己的性格。这些秉性各不相同的个体需要我们要多一些思考，多一些研究。在反复琢磨的过程中促进他们的成长，同时也改变自己，让自己成为最幸福的教书匠。高年龄段的孩子们，善于捕捉人际交往间的丰富微妙的情感，已经能够察言观色，这些也足以说明他们的成长。所以，在班级管理中不容忽视的就是教育方式的改变。多一些理解和包容，对不同个性的孩子选择更适合的沟通方式去引导他们，这样更容易被孩子接纳，也能更好地拉近彼此内心的距离，或许这才是成就孩子的良好契机。

课堂气氛的营造在班级管理中占有举足轻重的地位。营造活跃的课堂气氛是我教学中最热衷的，因为我自己本身在课堂中是很兴奋的，总想把满腔的热情挥洒在课堂上。在课堂中，我享受和孩子们零距离地畅谈文本，努力创造轻松愉悦的氛围，相信这样也会更易于孩子们接受新事物，从而提高课堂效率。而在过去一年的教学中，我们班的课堂氛围没有被有效调动起来，课堂中只有几名同学愿意主动表达，大部分同学都是被动的。面对这种情况，我利用课余时间，抽出时间来和一部分同学聊聊天。这部分孩子是典型的会而不说的孩子，他们自身的知识储备较丰富，只是在表达方面少些勇气，少些积极。与他们的交谈我都是以

鼓励为主，在课堂上对他们偶尔一次的主动表达给予积极表扬，并不间断地发现他们的优点。这样慢慢地他们就会觉得老师总是在关注自己，自己也要表现得越来越棒。这份从心底萌发出来的动力会改变孩子，让其更自信，更乐于表达。这种方法也是我最近在不断尝试中摸索出来的，相信在我与孩子们良性的沟通中会渐显成效。

　　适时的奖惩是班级有效管理的催化剂。针对最近部分孩子不太积极的学习状态，我必须把奖惩措施再细化。步入高年级后，知识难度加深，作业量增多，有些孩子开始有些懈怠了，作为老师，是时候该为他们出谋划策，指点迷津了。时刻的提醒和督促已不能起到效果了，唯有新鲜的刺激，点滴的成就感才能勾起他们的兴奋点。于是，我重新规定了奖励措施，不停地强化他们只要自己努力一点点，都会有收获的理念。这也无疑给后进生很多鼓励，将他们本来"渺小"的成功逐渐放大，使他们获得积极、兴奋的体验，从而从心态上去改变自己，成为自信乐观的孩子，不会自暴自弃，而是向阳而生。

　　适当放手在班级管理中同样至关重要。学习其实就是一个探索的过程，随着成长，孩子的心智逐渐成熟，他们的想法也会丰富起来，形成自己是思维方式，而作为引导者的我，需要做的就是在陪伴的路上学会去欣赏他们，去锻炼他们，去成就他们。有效的配合与支持，正是我们在共同的学习之路上不可缺少的相互助力。

二十七、有凝聚力的班级合力

◎陈阳

对于班主任而言，班级管理至关重要。学生习惯培养得好，班主任自然就会轻松很多。一个时刻需要老师盯着的班级，班风学风也不会很好。正因如此，从组建班级开始，我就一直致力于孩子的习惯培养，学生的自主管理能力培养。经过一段时间的努力，我们班级在纪律、上课习惯方面有了很大的改善，这让我也有了些许自豪。可是在班主任例会上听了魏书生关于班级管理的经验讲座，我才意识到是我鼠目寸光了。魏书生用风趣幽默的话语深层次地剖析了班级管理的精髓，在谈笑间引发了我的思考。简单而言，魏书生管理班级的精髓就是知人善用。让学生时时有事做，让班级事事有人做。在无形中让学生认识到在班集体中他的存在是有意义的，他的地位是不可替代的。在潜移默化的影响下，孩子们也慢慢树立了自信心，培养了责任感。正因为班级事事有人管，大家各司其职才能让班级更团结，更有凝聚力。然而，如果分工不明确，即使事事有人做班级管理仍然会像一团乱麻，让人头疼。所以在设置岗位职责时要明确责任分工，谁到底负责什么，应该怎么做才算负责，遇到交叉问题不能独立解决时能不能责任交叉双方商量解决等。建立制度十分容易，难的是如何让制度落到实处，落地有声。因此成立班干部委员会就显得尤为重要。我们要选择的是有正义感、责任感的学生来辅助老师管理班级。其实更确切的是我们需要有责任心的孩子来为班级服务，为班级的所有学生服务。

二十八、学会放手

◎王新苗

成长不在一时之间，变化也不是突然出现，有时我们只是缺少了一双发现的眼睛。

昨天，我终于把作文的扉页搞定了，一拖再拖，一直不知怎么做才方便快捷又能保证美观。但是任何事，不尝试永远也不知道什么结果。我拿着裁好的扉页进入班级，告诉孩子需要寻求帮助要提前找人帮忙，只有三四个孩子不相信自己，其他孩子都愿意自己尝试。为了孩子们能够清晰涂色，我将班上的张莹叫到展示台，一步一步教大家，一步一步告诉大家怎么选色更美观。渐变的字体、彩虹色的树干、独特的云朵……一切都在孩子们的精心设计中。在教室里巡视一周，一幅幅美丽的扉页呈现在眼前。原来一直只是我不敢尝试，孩子们的涂色水平已经上升到相当高的层次。

孩子们的成长，需要在每个环节尝试。我们要敢于让孩子们尝试，相信孩子们一定会更棒。

最近我发现了自己在班主任工作中存在的问题。第一大问题就是不敢放手，总是认为孩子还是刚刚入学的样子，多数事情还是亲力亲为。第二大问题是没有做到善于使用人才。总是给能力较强的那几个孩子安排工作。第三大问题是班级分工不够明确。班级中班干部有很多，但是真正能履行他们职责的却不多。第四大问题是没有给予班干部充分的

职权。

在以后的班主任工作中，我要及时改正自己发现的问题。总的来说，应从以下几个方面入手：

（一）敢于放手，充分发挥学生的作用

由于班主任工作的复杂多样性特征，容易出现工作效率低的现象。善于使用人才，就会减轻我们一部分的工作负担。比如说课堂作业中的贴名帖，剪名帖，图册扉页的制作，这些工作看似容易，但是若由老师一个人完成，工作量会十分繁重。这时，我们就应该敢于放手让孩子们做，一次完成不好，还可以有下一次，毕竟随着孩子的成长，这种精细的活他们也能够渐渐胜任。

（二）善于使用人才，充分发挥学生才能

每个孩子都有独特的地方，也都有其他人所不具备的本领。魏老师说，即使是学习上最差的孩子，也要有事可做。

（三）明确班级分工，做到人人有事做。

班级里一直有分工，但是却不明确。必须出"文"任命才行。所以孩子的分工要明确，清晰。这就要充分发挥班级文化墙的作用，把每个人的分工负责地点写清楚明白，在班级里讲清楚他们的职责。

（四）充分发挥班长的作用。

班长一直强调的是："管了不听。"这时就该由班主任给予班长明确的职权，要让孩子们知道，班长的话说一不二。充分肯定班长的价值，鼓励孩子们有问题私下与班长解决。

其实，班主任的工作无非就是细致的活，把学生的工作分配明确了，才能更有利于工作的开展。

二十九、树立自信 迎接风雨

◎王丽媛

低年级的孩子年龄小，相对而言比较听老师的话，但是他们的"忘性"也大，很多习惯不能长期坚持，这就需要老师开启"碎碎念"的模式去不断提醒。开学的第一天，我和孩子们一起调整了班级座位，给孩子们固定了座位，也提出了桌椅摆放和地面卫生的要求，孩子们当天做得很好。但随着时间推移，有的同学就开始懒散，忘了自己的任务。于是我在每节课下课后，中午和晚上放学时都会去提醒孩子几句他们应该怎么做，对不合格同学让其整改直至合格。起初给他们提出的是很细致的要求，到后来只需提醒一句注意桌子摆放，孩子们就能快速按要求完成。看来严格的要求和"碎碎念"的提醒对孩子们起到了作用。老师、在纪律、卫生、学习上对孩子们都会有很多要求，这些要求通过老师的"碎碎念"每天都能和孩子们"见面"，这样孩子们会在不知不觉间把各项要求记在心里，逐渐养成好习惯。

每个班级里都有几个调皮捣蛋的孩子，每天总是各种捣鼓，不能时刻遵守各项纪律。面对这些孩子时，批评说教的作用不是很大，孩子们总是不能真正改正自己的错误。班里的小X同学就是这样一个比较调皮的孩子，干什么事总是很浮躁，不能定下心来认真完成一件事后再干另一件事，班里有啥事都想干，但是交给他的任务哪个也没完成好，纪律上也总是频频被点名批评。面对他的调皮与浮躁，我改变了以往说教的

方式。我发现他最近午写的作业写得很好，就让他和班里的孩子们讲一讲怎么把笔画"捺"写好。他很兴奋，也很认真地和同学们分享自己写字的经验，从他的脸上我看到了满满的成就感。我和他约定以后他上完写字培训班的课后，要和我一起交流学到的新知识，他非常开心。这件事之后，小 X 表现得很好，做事儿也很认真，纪律方面表现得也很好。希望他能继续坚持下去。

在班级管理中面对调皮的学生，我们可以抓住他们的闪光点，帮助他们树立自信心，这样往往比单纯的批评说教更有效果。

三十、"任性"的小姑娘

◎徐莉娜

　　班里有个可爱的小姑娘叫玥玥，每天发型梳得特别漂亮，各种发式也让我大开眼界。妈妈可谓费尽心思，每天努力把女儿打扮成独一无二的小公主。

　　孩子笑容烂漫，无忧无虑，真是人见人爱！而且她心里装不住话，心有所想必得毫无保留地吐露出来。由于她在第一桌，我每天都能听见她絮絮叨叨地说这说那，小孩子充满童真的想法常常把我逗笑。但我不止一次告诉她，有些话可以心里想想不必说出来。她抬头看着我笑，下次依然照说不误。好吧，这样也好，她成了班级动态的实时播报员，我能随时了解孩子们的内心感受，真实想法，这对班级管理工作也是有帮助的。可有时她太单纯，直接得让我不知所措，啼笑皆非。

　　放学值日，组长向我告状，说玥玥不值日，组长说她两句，她便哭个没完。我问她："为什么不值日？""累嘛！不想值！"我突然想起来，一定是上节活动课，她在操场上玩累了，于是对她说："上节课，别的同学也都参加了运动，也都累呀，可是别人仍然在劳动，你是不是也该坚持一下，不要搞特殊化呀！"孩子不吭声，噘着嘴，一副准备顽抗到底的样子。我退了一步说："累了，先干点轻松活，帮忙摆摆桌子，抻抻桌布啥的吧。"说完，嘱咐别的值日生："玥玥今天不舒服，咱们多干点，让她歇一歇，等她好了，让她再多干点。"孩子们爽快地答应了。

过了几天，选修课老师找到我，说玥玥不想上这门选修课了，老师发给她的稿子她都不要，完全不想学了。本周的课，她干脆就不去了。无奈，我只好暂时把她收在我的门下。你批评她吧，可"不想"是孩子真正的想法啊！而且这孩子被批评之后还常常不服气。有次她不好好做操，跳着玩，体委管束她，她气呼呼地干脆站着不动了，真是个任性的孩子啊！

临近会操比赛，班里选拔领操员，她把手举得老高。说实话，她要是认真对待，那操做得确实韵味十足，有模有样，可是万一她不高兴了，半路撂挑子，我们可咋办！

唉，任性又可爱的小姑娘，你啥时候才能长大！

三十一、走着走着花就开了

◎吕丽华

走过春秋冬夏，历经线上线下。二十多年的教学生涯，送走了一批又一批的娃，内心依旧繁华。无情寒暑催白发，我在变老，而孩子们在慢慢长大。总有一些不经意的瞬间，让心里的一角被融化。

时光流转，岁月更迭。又迎来了一个新学期，许多面孔渐渐地由陌生变得熟悉。班里有个小女生，总是很安静，她来去似乎都没有任何动静，让人不禁会想起徐志摩的那句诗："轻轻地我走了，正如我轻轻地来；我挥一挥衣袖，不带走一片云彩。"就是这样一种状态，让人心急又无可奈何。

翻到她的课时练，里面有好多题亦如她，静静地空在那里，似乎在等待它的主人把它完善。无奈之余，我摸着她的头和她商量："丫头，利用课余时间把课时练补上吧！"她微笑不语，我也不忍心硬让她开口，心里就默认为她是答应了。第二天交上来，问题依旧，内心还是有点忍不住想发火，给了她时间还是不改，感觉这个孩子有点磨蹭。回想起寒假里查她的作业，她一次都没交过，几次呼喊她也不回应，真的是"千呼万唤不出来"。有两次在群里我想让她留下来补补，可她的家长也没动静，真替她着急。我把这个情况和班主任说了后，才了解到孩子父母离婚了，并且各自成家。她长期居住在奶奶家，奶奶又长期打麻将。接着又从其他孩子那里知道，微信群里的"家长"居然是她自己，难怪她

不回！爽快又热心的班主任把她的父母都拉进了群里。这次她的妈妈回答得挺积极，同意让她留下来补补课。在对她进行辅导的时候，连减的计算方法和逆运算我只是稍做点拨，孩子就能做得比其他的孩子都快。我内心感到十分的欣慰。

课后的时间总是很短，我只能让她把没完成的任务带回家去了。第二天来了还是让我失望了，依然是一页没做，可她依旧是不紧不慢，不急不躁。没办法，我到班里把她叫出来，一道题一道题地给她讲。她还是面带笑意地边听边改。时间不早了，我只好又让她把题带回家。临走的时候，我看桌子上有一块独立包装的小麻花，便随手拿起来递给她。她伸出小手接过去，还小声地说了声"谢谢老师"。声音虽然很小，但这是她来我办公室主动说的第一句话，眼里还闪烁着感动的光芒。接下来的日子里她每天放学整理好书包，就默默地来到我的办公室。我也每天在橱子里给她准备点小零食，让她有所期待。坚持一段时间后，她的脸上渐渐有了笑容，做题的速度也快了一点。期中阶段检测她考了61分，这个分数对于她来说也是非常不容易了。以后的日子里我会继续默默地关心这个女孩。

窗外阳光明媚，百花竞相盛开。这世界很好，但你也不差。用一句话形容我此刻的感想再合适不过：每个人的花期不同，不必焦虑有人比你提前拥有。是的，正如歌词中所说：我们走着走着花就开了！愿孩子们不负热爱，奔赴下一片山海！

三十二、会开花的种子

◎杜明南

对待不同的孩子，得用不同的教学方法。习惯好一点的孩子，你可以适当放手。习惯差一点的，你就得盯着。没准有时候，你还会遇到一个有个性的小孩。这不，我们七班就有这样一个小男孩轩轩。这个孩子是极其聪明的，每次课上我提出问题，他几乎都是第一个答出来的。可就是这样一个孩子，却不能让老师批评一句，听班主任说之前甚至还闹到厌学的地步。上学期，学生们写完字母小条，因为他坐在最后一排，我叫他站起来把这一列的纸条帮老师收一下。他说："老师，你用别人吧。"我说："你想一想，真的不给老师干活吗？"他又想了想，极不情愿地站起来收纸条。看看，这孩子多有脾气。

这学期一开学，我就想着引导他做出一些改变，让他参与到班级里的事务中来，不能总是一副事不关己，高高挂起的样子。以前，觉得他会，我就很少提问他。这学期，隔两天我就提问他一次。每次课上别人回答不上问题的时候，我就让他说，几乎每次都是对的。答对了，我就毫不吝啬地夸奖他一下。以前他字母写得不是很好，这学期写字母的时候，我特意去给他指导，写得好的时候，我也夸一夸。我发现，越夸他，他写得越好。昨天不知什么原因，他没有按时回到学校，练习册也没有做。今天，我把练习册给他，让他晚上把昨天没做的练习册做完，明早晨给我。课间的时候，我去班里一看，他在写英语练习册，单词书

写得很规范。对于他这一点点的进步，我是很高兴的。

　　每一个孩子都是一颗会开花的种子，都有属于他们自己的花期，我们需要做的就是修剪枝叶，期待有一天他们能成长为参天大树。

三十三、师生缘

◎徐莉娜

有些事怎一个"巧"字了得。两年前，我还在实验小学工作的时候，办公室的同事告诉了我们一个好消息，说某高中对面开了一个煎饼店，那里的烤面筋尤其好吃。一次，他还给我们每人带了一串，味道果真不错。那天我下班较晚，天都黑了，懒得回家再起火做饭，想起这家店，觉得来套煎饼是不错的选择。一进门，先点了餐，好几种都卖光了，生意很好的样子，只能有什么吃什么了。老板娘娴熟地给我摊着煎饼，等待的工夫，我又看到门口的烤面筋和各种烤串——骨肉相连、鸡肉串，一下勾出我的小馋虫，于是又点了好几个串，一顿不错的晚餐也就有了着落。老板一边烤，一边算账，我都跟不上他们的节奏，也在心里称赞这夫妻两个真能干，真是好手艺。出于职业的本能，我不由得产生了疑问，这么晚了，两人还在忙乎，家里上学的孩子谁来管呢？尤其是家庭作业谁来督促检查呢？但也只是一想，这事似乎跟我关系不大，于是拎了两包食物便离开了。

因为工作调动，暑假开学我来到六小，新接手的班里有个成绩不太能跟得上的小男孩。这孩子从我身边路过时，满身浓浓的油烟味。我问他为什么这么大味儿？同学们七嘴八舌地说他家卖串，可好吃了，就是某高中旁边的煎饼店，他们还吃过呢！我突然一愣，我喜爱的店竟然是他家开的，我担心的那个孩子竟然是他！我竟成了他的老师！看来，他

不完整的家庭教育要由我来填补？有意外相遇的喜悦，也有重任在肩的忧虑，还有对他父母的理解和对孩子的理解，心中像打翻了五味瓶。

他的父母虽然很忙，但都是很明事理的家长，多次沟通后，家长非常配合我的工作，给孩子找了辅导作业的去处。每当孩子有了进步我会立刻通知父母，不让他们放弃希望。对孩子，我告诉他，他的父母非常优秀，把自己的事业做得风生水起，是孩子的骄傲。虎父无犬子，孩子也要努力，让父母为自己骄傲！当然，这孩子现在的学习成绩还是不够理想，但我们家校双方正在不懈地帮他改正毛病，激发他主动学习的劲头。因为这份师生缘，我责无旁贷要拉他一把，不让他掉队。

三十四、阳光女孩

◎徐莉娜

班里有个女孩，白净的脸庞，一双眼睛微微往上吊，一对黑黑的眼珠总想往一块碰，她有一个特点就是说话时舌头似乎总是卷着，吐字含糊不清。

孩子的性格单纯可爱，阳光向上，她从来没觉得自己和别人有什么不一样。当别人回答问题不自信地小声嘟哝时，她却能敞开嗓门，惊艳全场。我们常常不由自主地为她的勇气鼓掌。课上的她总是坐得笔直，学习非常专心。哪怕字写得不好，也在一个一个努力地写着。

我常常对她这份自信和阳光暗自称赞。那天班里选播音员，没想到她也来排队竞选了。听着她的朗诵，除了声音够大，谈不上停顿、语气等技巧，而且连最起码的清晰都不能做到。但我没有说一句她表达上的不足，只是指出一些朗读上的小问题，鼓励她下次继续加油，她笑着挤挤眼睛皱皱眉，不无遗憾地回去了，那意思好像在说，老师你咋就听不出我朗读得够好呢！

今天的课间操领操员有事没来，队伍前面空出了一块儿，我还没想好该由谁替补，一抬头，她早已站到了领操员的位置，并自信地对我说："今天佳鑫没在，我怕没人领，我来领！"看着她一副重任在肩的认真劲儿，我给她竖起大拇指，称赞了她为班级着想的好品质，但不由得担心，暗暗在后面观察她的动作：一招一式虽谈不上多么美观，但可以

说很卖力，我对这个小姑娘更加刮目相看了！

人为什么不快乐，都是自己的心态在作怪。阳光下的她，就像黑暗无法抵达的净土，心底无私天地宽，她的世界光明、美好，没有不如意，只有不断努力。这种勇敢无畏的自信，我自叹弗如。在平时的工作中，我有意地呵护孩子这份自信，一有机会，便会表扬她，让她觉得只要自己不断追求，总会有出色的表现。

唯愿孩子们永远生活在太阳照耀的地方，一直快乐自信，向阳生长！

三十五、孩子们的快乐

◎夏竹青

今天终于给孩子抽奖了，为了迎接这一时刻，孩子们今天的表现比之前好了太多。优胜的小组和个人都参与了抽奖。今年的抽奖我改变了策略，把部分物质奖励改为精神奖励。当小宏硕抽到和喜欢的老师抽奖时，他兴奋地跑到我身边，说："老师我最喜欢的就是你！"当时我的心里真是满满的感动，因为开学这段时间，他虽然得到的批评最多，但他知道谁对他好！靖羲拿着游览校园的奖单，一脸不可思议地问："老师真的吗？"我一脸认真地回答："当然是真的，我还会亲自带领你参观每栋楼，给你讲解咱们学校渗透在每个角落的文化内涵。"学生一齐说"哇！"，都向他投去了羡慕的目光。齐悦拿着免写作业的奖条问道："我能留着以后用吗？""当然可以了，你自己选择！"我想我明天得小心一点了，毕竟有两个孩子抽到了给我留作业的任务，还有好几个孩子准备好要邀请我课间跟他们去楼前疯跑了。做老师的幸福就是孩子们快乐我就快乐！

接手这个班级时，同事就告诉我，要格外关注小R，孩子跟着爷爷奶奶生活，然而爷爷奶奶也不能全身心照顾孩子。果然，网课前的家长会就让我见识到了小R的特殊。千呼万唤下，他才进入视频会议，进入会议后孩子乱跑，奶奶在旁边则一脸茫然地看着手机屏幕，网课的所有注意事项她都成功地避开了。网课时，小R一个人在家上课，不该回答问题时打开话筒哼哼，该回答问题时话筒却怎么也打不开。昨天终于见到了真人，可能是出于对新班主任的恐惧，昨天的他只是小打小闹，并没有做出什么特别出格的事情，今天就已经彻底放飞自我了。课间，他飞奔上了乒乓球台，又蹦又跳，笑得比花儿还灿烂，丝毫没考虑过乒乓球台的"感受"。我把他叫到办公室，他见到我，有点不知所措。刚训斥了两句，他的鼻涕眼泪就一起流了下来。想到他的家庭情况，我的怒气值也慢慢降了下来，给他擦掉眼泪，帮他分析这件事的不当之处。他慢慢放松下来，我趁机告诉他，其实我非常喜欢他，我想给他加很多的分，让他得到很多奖品。此时小R的眼睛里充满了对我的信任。我又告诉他，你一定是个好孩子。小R使劲点着头。一个下午，小R简直是班级里表现最棒的孩子，站队时我表扬他，上课时我表扬他，做卫生时我还表扬他。他的眼里有光了，同学们看他的眼神变了，我相信小R会变好的！

三十六、预防校园欺凌

◎徐莉娜

今天的升旗仪式上，学校隆重地召开了以"预防校园欺凌"为主题的校会，并举行了"拒绝校园欺凌"的签字仪式。三年级孩子也许对"校园欺凌"这个词还很陌生，还没有意识到这对他们有什么影响。但正因为他们还小，所以有必要让他们从小心里种下拒绝校园欺凌的种子，学会保护自己，更不能欺凌他人。

对校园欺凌现象，我们深恶痛绝。在信息发达的今天，我们看到了很多让人心碎、气愤的欺凌现象：大学宿舍里小团体集体霸凌一人；一名中学孩子遭遇校园欺凌，家长跟学校反映，学校未引起重视，最后孩子被活活打死；女生在厕所里被群殴。就是我们生活的地方，也有校园欺凌事件。在我们看不见的某个角落，也许这样的事还在继续……

电影《少年的你》中周冬雨饰演的高中女孩，被人在路上围堵，扒光了衣服，剪掉了头发，被折磨得不成人样，看了让人心痛！她这样被虐待，仅仅是因为给一名不堪欺凌而跳楼的同学的尸体盖上了一件衣服。当警察找到肇事者的家长时，主谋同学的母亲却还在洋洋得意，为女儿百般开脱："一个孩子她懂什么？"而这位纵容孩子的母亲，看到女儿被人报复致死时发出的撕心裂肺的哭声，成了她教育失败的真实回应。

每一个孩子都是父母的心头肉，谁愿意看到自己的孩子被欺凌，但

同时更不能让孩子养成随便欺凌别人的恶习。要从小把这种不良思想遏制住，不让它萌芽。今天，在这个隆重的仪式上，在两千多人面前，孩子们庄严地签上了自己的名字。当校领导和孩子们同时举起"拒绝校园暴力 预防校园欺凌"的鲜红横幅时，当孩子们朗声宣誓时，每个孩子就在心中种下了一颗预防校园欺凌的种子。让我们用爱心和责任心，在孩子心里播撒阳光，浇灌出真善美的花朵，为创建更加文明安全的校园环境，呵护每一棵幼苗健康成长，贡献自己的一份力量！

三十七、防诈骗，要牢记

◎苗雅梅

下午参加了局里召开的安全工作会议。除了常规的安全工作外，会议特意提到了提高师生预防诈骗意识的重要性。

随着信息技术的日新月异，网络成了人们必不可少的生活工具。正因为如此，一些不法分子，利用人性的弱点，采取各种手段实施网络诈骗，这样的例子屡见不鲜：一乡镇工作人员被骗23万元；一个中年教师受理财高息诱惑，投资近20万，转眼之间人去财空，多少年的积蓄一去不返；爱网购的青年男女，轻易相信退货赔偿的谎言，结果被骗走几千元。就在几天前，还有一个六年级男生因为迷恋网络游戏，购买装备、给好友充钱达5000余元……最近，骗子又盯上了ETC电子收费、疫苗接种、核酸检测等，借信息更新之名，套取个人信息，实施诈骗，真可谓无所不用其极。

面对形形色色的诈骗行为，我们一定要擦亮双眼，明辨是非。凡是涉及钱的事项，必须面谈或是电话确认，切不可轻易在微信中转账；凡是需要点开链接的，一律不予理睬；凡是宣扬各种兼职能轻松赚钱的，坚决不相信；凡是要求填写个人信息的，千万不要上当；凡是冒充公检法要挟恐吓的，要立马辨识出其诈骗者身份……其实，生活中还有很多"凡是"，都需要我们仔细辨别，切不可因为一时大意，让自己辛辛苦苦积攒的血汗钱付之东流。同时，我们更要做好宣传，教育我们的孩子提高防范意识，避免上当受骗。

三十八、马路上的阻挡桩——送给所有家长

◎苗雅梅

校门口的马路中间，有一排可爱的阻挡桩。它们个子不高，"穿着"红白相间的外衣，柔软而富有弹性。成百上千的孩子从它们中间穿过，总有几个调皮的喜欢碰碰它们，小桩子俏皮地左右摇摆，引得孩子们频频回头，咯咯地笑。

小小的阻挡桩不光是一道风景，更是交警叔叔守护孩子们安全的见证。他们用心良苦，精心选择了高度适合的柔软的材质做成阻挡桩。然而，开学还不到两周，排列整齐的阻挡桩出现了三个缺口，只剩下光秃秃的黑色底座，看上去特别扎眼。这到底是怎么回事呢？

这一切还要从骑电动车接送孩子的家长说起。清晨，熙熙攘攘的上学大军从四面八方向学校涌来。众多的家长守规矩，讲秩序，把车子停靠在合适的位置，牵着孩子的手穿过马路，将他们平安送进校园，呈现出一幅和谐而温馨的画面。可是，这中间总会出现那么几处不和谐的色彩。他们骑着电动车，在人群中左拐右绕，飞速穿梭，有的逆行，有的从阻挡桩中间硬挤过去……那狭小的缝隙是用于孩子步行通过的，怎么经得起电动车那"庞然大物"的挤碰，于是一个个颓然倒地。每天站在校门口值班的我们不知多少次目睹这样的"惨剧"，看着扬长而去的电动车背影，我们除了摇头叹息，还能做些什么？如果这种状况持续下去，用不了多久，所有的阻挡桩会被毁坏殆尽，那时候，学校门前的马

路上光秃秃一片，电动车、自行车、机动车又可以随意掉头、穿行，这是否反而给家长提供了"便利"呢？

可是，大家也许都忘了，这是学校呀！孩子的安全才是最重要的。我们每一位家长一定都希望自己的孩子平平安安，快乐成长，那么我们就要共同遵守交通规则，共同维护校门口的秩序。如果人人都想着抄近道、驾车逆行、车辆随意停放，造成了校门口一片混乱，孩子们的安全又怎能得到保障？也许有些人一直心怀侥幸，觉得无所谓，或是为自己"占了便宜"的行为沾沾自喜，可是这样的做法符合社会公德吗？会带给你的孩子什么样的影响？有这样一句话："教育的最高境界是不言之教，是父母身体力行带给孩子的梦想。"那么，今天你的所作所为，在孩子心中播下的是什么样的种子呢？所以，期待能与每一位家长自省、共勉：我们是否应该不断努力、完善自我，成为孩子的榜样呢？

前几日，一位家委会委员在群里提示我，有人把电动车停在了家长接送孩子的等待区。为了孩子的安全，希望家长们能够自觉自愿地把车辆停放到应该停放的地方。

中国是一个有着五千年历史的文明古国，善良、正直的美德一代代传承，"人人为我，我为人人"应该成为每个人心里的共识。真希望我们在生活中努力弘扬良好的品德养成良好的行为习惯。这不但展示了一个人的素质，更能对子女产生潜移默化的影响。

三十九、师者父母心

◎苗雅梅

进入深秋，气温骤降。

早上在校门口巡视，一位家长走到我身边建议道："学校能不能联系交管部门，上下学期间设置单行线，以保证道路畅通和孩子们的安全。"看着家长满脸的真诚和恳切，我甚是感动。这是一位母亲对孩子的关爱，更是一位普通家长对学校工作的关注。

其实，交通安全一直是我们心中的牵挂，学校方面曾多次在班主任会议中强调设置合适的停车位置，要求学校附近机动车不准掉头，不得挤占人行道，不得在禁停网格线内停车……也曾发文呼吁家委会成员做好班级家长工作，曾数次联系交警维持秩序，曾与政协一行调研人员反映情况，提交报告……但是，要想真正解决问题，还要靠家长的理解和支持。我们的苦口婆心有时会被一些家长理解为多此一举，无事生非。殊不知没有规矩，不成方圆，车水马龙的校门前如若放任自流、随心所欲，那将会是怎样混乱的场面？将会造成怎样无法想象的后果？又有谁来守护所有孩子的生命安全呢？

"师者父母心"，每一个老师都希望班里的孩子平平安安、快快乐乐。几年来，那些不和谐的画面曾一次次刺伤老师的心：家长故意违反规定，肆意停车，老师在和孩子了解情况时，家长横加阻拦；面对老师的劝解不理不睬，家长们甚至横眉冷对，恶语相向；还有些家长我行我

素，随意掉头，造成道路拥堵……将心比心，老师们一年四季在校门口轮流值守，不论炎炎夏日，还是刺骨寒冬，不论风吹日晒，我们最关心的还是孩子的安全。所以，希望家长能够理解学校的良苦用心，配合学校的工作，遵守学校的规定，家校携手，共同为孩子们筑起交通安全的绿色屏障。

四十、由路队行走引发的思考

◎苗雅梅

雄赳赳，气昂昂，步伐铿锵，队列整齐。偌大的操场上，2600多个孩子划分成一个个方块，秩序井然走进指定位置。目之所及，身姿挺拔，洋溢青春活力；耳畔回响，口号清脆，勃发少年英气！

——这是大课间入场的精彩瞬间！

每每回想大课间比赛的40分钟，我总是会被那壮观的场面所震撼。孩子们那昂扬的精气神，那整齐划一的步伐，都让老师们十分欣慰。

然而，比赛结束半年时间，我们的大课间入场式变成什么样了呢？从出门站队开始，楼道内一片"沸腾"，学生的喧闹远远盖过教师的指挥，有些班级还经常看不到班主任的影子。行进过程大概是孩子们最放肆的"自由"阶段，边说边走，边打边闹，闭不上的嘴，管不住的手脚。远远望去，像极了一群从四面八方汇聚来的散兵游勇，又像是毫无规矩的人群涌到自由市场闲逛……很多老师三五成群，抄着兜抱着膀，边走边聊，对周边的熙熙攘攘习以为常，视而不见。

同样的师生，一样的活动，为什么会有如此大的差别呢？我想无外乎两点原因：一是比赛结束，那股紧张劲没了，人一下子就松懈了；二是教师要求松了，标准低了，学生自然也放松了。人们常说，好习惯的养成至少需要21天，可是坏习惯的滋生却会随时随地。大课间比赛期间，全校师生倾尽全力奋战了两个多月，才有了那样的辉煌和成绩，可

是不知不觉间那些优秀的品质已在自由放纵中丧失殆尽，取而代之的是散漫无序、精神萎靡。

假期中不少教师看了电影《长津湖》，都为影片中志愿军战士保家卫国、血战疆场的英雄气概深深感动，可试想一下，如果没有平时的爱国主义教育，没有练兵场上的真枪实弹，没有经历一次次战争的洗礼，怎会有战场上的团结协作、勇往直前？怎会有宁可被炸得血肉横飞，仍坚守在乱石岗上纹丝不动的英雄？怎会出现零下40多摄氏度的冰天雪地中，战士们严守伏击任务，最终镌刻成几十座冰雕的惊天壮举？任何成功的背后一定汇聚了无数的努力、汗水，甚至牺牲，世间没有随随便便的成功。

其实这样的例子不胜枚举，回眸学校五年的创办史，难道不是最好的例证吗？正因为有了师生认同的"幸福教育"文化，我们才有了共同追寻的教育理想和奋斗目标；正因为有了教师的爱岗敬业、甘于奉献，才有了教学成绩的突破与飞升；正因为持之以恒的校本研修，才有了教师素质的与时俱进、崭露头角；正因为教育的千锤百炼，才有了蓬勃向上的精神风貌……回首点点滴滴，哪一次进步不是浸透了汗水，哪一次成功背后不是无数次的苦练和坚守！

养成一个好习惯不难，难的是让它成为一辈子的习惯，甚至深入骨髓，变成一种随时随地都能展现出来的良好素质。对于学生来说，这一切靠什么？靠教师的要求、引导、强化，并通过最恰当的形式和方法让学生内化于心，形成自觉自律的行为习惯。当学生离开校门走上社会，他依然能表现得谦卑有礼，遵规守纪，正直善良……这才是我们作为小学教师在他人生启蒙阶段上的最有意义的一课。

四十一、家校携手，为孩子撑起一片晴空

◎苗雅梅

中午，公安部门的朋友发来一段视频：上周六 20 点 57 分，两个共骑一辆共享单车的少年在马路上逆行，与一辆电动车相撞，两辆车砰然倒地。车辆受损情况不详，好在没有人员伤亡。随后被告知，骑车少年系我校六年级学生。

心惊胆战之余，更多的是深深的担忧。交通安全我们几乎天天讲，时时说，为什么孩子还不能入脑入心呢？细细思量，一方面可能是好奇心惹的祸，孩子觉得共骑一辆车新奇，想亲身尝试；另一方面可能是我们的教育形式相对古板单一，没能真正引起孩子的警醒。所以，后续的交通安全教育我们要用数据说话，利用直观的音像材料，让孩子目睹血淋淋的事实，引以为戒。

其实，安全教育从来都不只是学校的责任，家长需要关注得更多，且更关键。就拿上面的案例来说，孩子刚刚 13 岁，不到骑电动车上路的年龄，家长为什么不阻止？骑小黄车需要扫码，手机从何而来，是家长允许还是监管不严？更为离谱的是，晚上将近九点，天黑夜冷，为什么不及时让孩子回家，竟允许他在大街上四处游荡？这些安全教育都是家长的职责呀！家长做得好，孩子自然遵守交规，安全意识会增强；家长放任自流，孩子的安全意识就大打折扣，导致危险可能会随时降临。

反观身边的青少年交通安全事故，大多都与不完备的家庭教育有

关：家长缺少陪伴，对孩子的日常不闻不问，让孩子失去管控；有的过分溺爱，把孩子宠得像脱缰的野马，父母束手无策；还有的只顾自己忙工作，把孩子抛之脑后……这些缺失爱和责任的家庭教育，才是孩子安全的最大隐患。所以，学校教育任重而道远，我们不光要教育孩子，更要做好家长的培训和引领，家校携手，才能为孩子撑起一片晴空。

四十二、致家长

◎徐莉娜

亲爱的家长朋友们：

大家晚上好！

能够成为您孩子的老师，是我的荣幸。因为你们送给我一群活泼可爱的小天使，每天生活在他们中间，仿佛自己也是一个天真的孩子，和他们分享喜怒哀乐，一起学习，共同进步！朋友们总说我不像四十大几的人，我也常暗暗窃喜，也许就因为我总和最纯洁善良的孩子们在一起，永远有一颗童心，所以我要感谢所有把宝宝送到我这里的家长朋友们。

你们的支持是我坚强的后盾，每当我批评孩子时，大家会说："能遇到您这样负责的老师，是我们的福气。老师，我们不怕管！"每当我表扬孩子时，你们常常会说："老师，您辛苦了，还是您教导有方。"其实我更要感谢的是你们。有的家长把培养孩子当成家庭的重心，他们送给我的学生有礼有节，习惯品行俱佳，常常会成为班里同学的榜样，老师的好助手。有的家长忙于工作，来不及照顾和培养孩子，虽然这样的孩子在学习和生活中常常会给老师带来很多困扰，老师在他们身上付出的心血也最多，但帮助他们的同时，也正是老师提高教育水平的契机。而多年以后还能把小学老师铭记在心的，往往正是老师付出心力最多的孩子们，这一点，多年来我深有体会。还有一部分孩子，他们从来不让

老师操太多心，默默做好自己的事，虽不光彩耀眼，却踏实稳重。他们更是班级的主力，国家将来的栋梁。所以，我要感谢所有遇见，感恩我们所有相聚的缘分！

每天站在课堂上，所有的不开心，一切的琐事，身心的疲惫都会一扫而光。我和孩子沉浸在快乐的语文课堂里。当看见孩子在我的悉心教导下，朗读有进步了，书写工整了，写作水平提高了，我是最高兴的那个，因为这说明我所有的付出得到了回报。当我带的班级文明有序，孩子彬彬有礼，阳光懂事，我是最激动的那个，因为，我把每一个孩子都看作自己的孩子，他们的成长，是我最大的欣慰。

今天在群里和家长们介绍了孩子们的学习状态，指出了孩子们普遍存在的问题，大家也看出了我的焦急。孩子们两极分化严重，问题重重，让我忧虑。而看到大家一致的回复，表示支持我的班级管理方法，并给予大力配合，使我深受感动，故借此和大家聊聊，以表示对家长们的感谢！

我把群名改为"八班最温馨的集体"，就是希望我们沟通无障碍。因为，培养好孩子是我们共同的心愿，教育的路上我们是同路人！

最后祝大家，工作愉快！阖家幸福！孩子都能获得更大的进步！

班主任：徐老师

2021.9.29

听，幸福花开 一七八

从小处着眼，从点滴做起，让每一个生命充满阳光，是我们的追求。细雨润物静无声，师爱育人却有形。学校是孩子们成长的乐园，相亲相爱的家园。只要我们播下爱的种子，用心浇灌，终会生根发芽，硕果累累。

（郭志华）

细雨润物

一、德育教育 久久为功

◎苗雅梅

今天下午，四、五年级"缅怀革命先烈 传承红色基因"讲故事比赛在大会议室如期举行。在孩子们深情的讲述中，我们又一次重温革命经典，追忆那些虽已逝去却永垂不朽的先烈们。战争中英勇无畏的董存瑞、邱少云、周全弟、狼牙山五壮士；牢狱中宁死不屈的夏明翰、刘胡兰、吉鸿昌、吕宝兰；机智勇敢的抗日小英雄王二小、海娃、雨来……这些家喻户晓、耳熟能详的主人公，他们的故事如今听来依然感人肺腑，震撼心灵。正是有了千千万万个舍生忘死的英雄，才有了新中国的建立，才有了今日的和平安宁，才有了中华儿女共同向往的中国梦——中华民族的伟大复兴。

五千年的历史长河中，哪一个朝代，哪一个时期没有英雄的出现？他们胸怀天下、捍卫祖国、追求真理、坚贞不屈、世世代代被人们称颂。即使时光飞逝、世事变迁，这些英雄人物、英雄事迹也永远不会褪色，更不能被遗忘和忽视。

家国情怀、责任担当，这些艰苦奋斗，无私奉献的精神品质如何根植于孩子的内心？它不会自然形成，也不能依靠简单的说教，它需要在传统节日活动中寻找教育的契机。在一次次主题德育策划中渗透、融合、强化，给每一个孩子视听的冲击，心灵的感应，精神的震撼。于是他们从了解英雄、记住英雄，到渐渐地敬佩英雄、学习英雄……有朝一

日，当祖国需要他们的时候，中华大地就会出现无数新时代的英雄。

我们常说，德育工作要渗透在日常教育教学中，要善于捕捉身边最鲜活的事例，把这些生动的故事讲给孩子听，让孩子知道，祖国是我们最亲爱的妈妈。她会尽全力保护好每一个孩子，不受别人欺侮，让他们快乐成长，幸福安康。所以，我们要爱祖国，为祖国争光。其实，生活中这样的爱国主题教育契机还有很多，如奥运健儿赛场拼搏、为国争光；抗疫前线众志成城、救死扶伤；林业工人扎根深山，把荒原变林海等等，把这些真实的故事讲给孩子听，让爱国主义的种子深深扎根于孩子心田，要远远胜过干巴巴的说教。

德育教育，要久久为功！

二、"墙外"的德育

◎苗雅梅

六小一直把立德树人作为学校的首要任务，把习惯养成作为德育工作的有力抓手，不断探索实施，才有了一批遵规守纪、文明有礼、阳光自信、勤奋进取的优秀学子。我们时常引以为傲。

可是当学生走出校门，校外的德育又是怎样一种状态呢？下午1点，校门口异常喧闹。从窗口望下去，已经有五六个高年级孩子聚集在校门口，他们大声喧哗，你推我搡，与马路上骑着摩托车飞驰而过、来回穿梭的一部分学生如出一辙。走到接送区，大概二十几个早到校的学生落荒而逃。返回来，一个六年级男孩正大声叫骂，而后面的一小撮男生趁机起哄，颇有一种"唯恐天下不乱""闲人看热闹"的架势。这就是学校一直自我标榜的德育吗？一墙之隔，那些良好的习惯和品德都销声匿迹了吗？德育教育的问题到底出在哪了？

冷静下来慢慢思索，也许这正是德育工作的复杂之处。征服自然、改造世界不容易，要改变一个人的思想更难。校内有制度，有监督，有考评，很多孩子可能是在外力的作用下不得不遵从。置身校外，脱离了这些管控，"我"又成了那个原来的"我"，随心所欲，肆意妄为，根本不记得或者不想受到校内德育标准的约束。这样的德育一定是失败的、无效的。我们会教育出无数个两面人，人前一面，人后一面，表里不一。所以，我们倡导自主管理，用班级文化引领每一个孩子的思想，让

他们时时处处想着集体，自我约束，相互提醒，做最好自己，创最优班级。

当然，孩子良好品质的形成需要多方的努力。老师的教育和管理、家庭的引导和熏陶、不同阶段学校间的教育衔接、社会的关注和约束，缺一不可。学校的教育，不但要管校内，还要看到校外。时时警醒，处处留神，将好习惯、好品质深深烙在孩子的言行里，让每一个孩子刻骨铭心。那些骑着摩托车在学校附近徘徊的孩子，可能也有从六小毕业的。在校园时，即使他们学习不优秀，但品行还好，都很乖，为什么现在变成这样了呢？中小学教育的衔接是否只停留在学习知识的层面，而忽略了品德教育的延续？那些过早到校、骑车狂飙的孩子，为什么没有家长的监管呢？且不说骄阳暴晒、睡眠不足影响学习，这校门口半个多小时无人值守的情况下，谁来保障孩子的安全？这些家长是思虑不周还是不想管或是根本就管不了呢？青少年骑行有明确的年龄规定及各种约束，我们的社会是否可以有专门的监管人员，在孩子们出现问题时及时批评教育，也许能够管束住少年们的行为。

细细思量，该做的想改的实在太多。那么，就从眼下能做的开始吧。班主任着重强调中午到校时间，用班级文化、集体荣誉晓之以理、动之以情，呼吁家长关注孩子安全，响应学校号召，保证学生按时到校。

改变从现在开始，推倒挡住我们视线的那堵墙，培养孩子做言行一致、表里如一的人。

三、思想是一道光

◎苗雅梅

　　强制一个人的行为容易，但要改变一个人的思想很难。思想决定着行动。大至一个国家，小到一个团队，一旦将好的思想融入每个人的头脑中，就会形成积极向上的精神文化，变成了大家共同憧憬的美好蓝图、人生目标，进而成为理想、信仰，自此坚不可摧。

　　中华民族五千年的历史中，曾遭受无数次磨难，但优秀的中华儿女从未放弃保家卫国的信念。面对强敌，浴血奋战，挺起民族的脊梁。抗战期间，侵华日军在中华大地肆意蹂躏，中国人民满怀民族信仰，树立一个共同的信念：把侵略者赶出中国去。通过全民抗战，夺取了最终的胜利！疫情期间，唯有我们的祖国把人民的生命安全放在第一位，派驻专家团队、免费治疗、免费核酸检测、免费接种疫苗……纵观整个世界，有哪个国家如此爱护他的人民。正因为如此，人民心中也时刻装着他的祖国，白衣天使奔赴一线，各行各业火速驰援，全国人民积极抗疫，让疫情的阴霾逐渐消散。爱祖国，爱我们的党，那一抹中国红照亮了大街小巷，《我和我的祖国》那优美的旋律唱响大江南北！

　　这就是思想的力量！它像一道光，照耀中国前行的路！

　　回到我们的校园，看看我们奋斗的历程。是什么让一所学校成立短短五年就有如此成就？我想，是文化，是幸福教育的思想深入人心。幸福是奋斗拼搏，幸福是无私奉献，幸福是爱岗敬业，幸福是勇于担当，

幸福是团结协作，幸福是开拓创新……正是幸福文化的浸染，我们不自觉地变成了一群志同道合的人，为了幸福六小而努力奋斗的人！

这就是思想的力量！思想是一道光，照亮了六小明日的辉煌！

如今，我们要把这道光带进班级，让班级文化思想引领学生自主管理！也许孩子小，也许实施起来困难重重，可是有哪一种思想的渗透是轻而易举的？只要我们坚定信念，只要我们不断探索方法，只要我们敢于尝试，班级文化思想就一定能扎根于孩子心田，实现我们期盼已久的自主管理。

这就是思想的力量！思想是一道光，愿这道光和我们的班集体一同成长！

四、点滴汇聚校园文化

◎苗雅梅

"勤劳笃行乐奉献"，这是中小学生守则的第三条。围绕这句话，我们学校文化第三板块的设计又开工了。

文化设计小组一行齐聚大会议室，在前期分组设计的基础上，开始了集体讨论。首先是大标题的确定：既要突出主题内容，还要符合年龄特点。几经商讨，最终确定两句话："勤劳小蜜蜂 播下幸福种"和"我幸福 我是劳动小能手"。接下来，就是幸福金钥和幸福约定，即用最简洁生动的语言编辑成孩子的行动指南。最后，用榜样的力量和自身的行为诠释热爱劳动、乐于奉献的真谛。

说起来这活似乎不难，板块也很简单，可实际操作起来却很费脑。内容要符合学生实际、接地气，不同学段要培养怎样的劳动技能和品质？主动分担哪些家务？适合参加什么劳动实践？都要结合学校实际认真思考，统筹规划。最难的应该是文字表现，需要字斟句酌，精雕细刻：太生硬不行，太随意不可，太古板不用，太直白不成……大家你一言，我一语，你的被否定，我的快跟上，每一个人都绞尽脑汁，搜肠刮肚，力争让每一个字都开出鲜花，让每一句话都吐露芬芳，真正达到让墙壁会说话的目的。每当出现经典的语句，大家不由自主地交口称赞；每完成一个楼廊设计，大家情不自禁地鼓掌庆贺。

我们的学校文化就是这样一点一滴创建起来的，它紧紧围绕幸福教

育，发源于学校本土，提炼于教育教学实践，面向全体学生。我们希望把幸福的种子播种到每一个孩子的心灵，细心浇灌，精心培养，期待它生根发芽，美丽绽放。

五、班级文化评比

◎苗雅梅

今天利用一节课的时间，所有领导对四至六年级的班级文化进行了评比打分。

从整体情况看，今年的班级文化比往年更胜一筹。走进班级，窗明几净，桌椅摆放规整，地面光滑如新。书橱上物品分区摆放，花花绿绿的杯子，精致的手工作品，图书、作业、书包、乐器整齐有序，最上层的绿植给教室增添了生机与活力。班级文化的几个板块都能充分利用。班务栏内容齐全，人员分工明确，并设置自主管理手册，充分体现了人人有事做、事事有人干的班级管理策略。大部分班级公约简洁明了，符合班级特色，能敦促全班同学共同遵守约定，实现自我管理。评价栏的表现方式各具特色，有小口袋装星星的，有用不同贴纸代表不同项目的，有用数字记录加减分数的，有个人参评，也有小组竞争，有的班级还创新性地设立了"三省笔记"。各班充分利用奖惩机制，激励孩子们努力学习，全面发展。后墙的展示栏内琳琅满目，软硬笔书法作品、叶子贴画、毛线画、儿童画、盘子画……高年级的内容也极为丰富，如近期各学科知识点汇编、诗词精选、好书推荐、防溺水知识宣传等。从老师们的随笔中获悉，很多实践园地的内容都是孩子们自主完成的，这又一次充分体现了各班级管理的自主性和主动性。

检查结束，大家不约而同地感叹：我们的班级管理越来越精细。迸入新校区已经五年，除了自然磨损以外，我们的楼道、教室一直维护得相当好，洁白的墙面上从未出现故意弄上去的脏手印、黑脚印、墨水印，地面上也极少有划痕，即使有黑色印记，大家也会想方设法清理掉。这些都是德育管理的成效。养成教育重在培养学生的良好习惯；班级文化引领自主管理旨在让好习惯内化于心，最终成为学生的良好素质；教师管理能力提升的课题研究，是想让老师用艺术的管理方法，达到最好的管理效果。所以，学校的每一个决策，每一次改革，每一种创新，都是为了更精细的管理。也正是在这样的不断探索中，学校德育、教学、研修、安全方面的工作才能井然有序，学校的发展才能日新月异。

付出总会有收获。扎扎实实走好每一步，教育的路才能走得更长远。

六、六一儿童节致辞

◎苗雅梅

亲爱的老师、同学们：

大家早上好！

"纷纷红紫已成尘，布谷声中夏令新。"在这绿满山原的初夏时节，我们欢聚一堂，共同庆祝六一国际儿童节。在此，向所有少先队员致以诚挚的问候，祝你们节日快乐！

孩子们，今天我们能够在这里欢庆六一，着实不易。从2019年至今，新冠疫情已经持续三年。它扰乱了人们的生活，阻挡住我们出行的脚步，这样的特殊时期，未来充满了许多不确定性，所以我要告诉你们的第一句话就是要懂得珍惜美好生活，珍惜来之不易的抗疫成果，戴口罩，讲卫生，不聚集，严格遵守防控要求；珍惜能够走进校园的日子，刻苦学习知识，养成良好习惯，聆听老师教诲，与伙伴和睦相处，这些将汇聚成童年闪亮的记忆；珍惜每一次激动人心的集体活动；珍惜每一节别开生面的校本课程；珍惜校园里蓬勃生长的鲜花绿草，珍惜每一个可以尽情嬉戏的课间……孩子们，童年，能有几个三年？人的一生，又能延续多少个三年？珍惜时光，珍惜当下，珍惜美好，是我们每一个人必须学会的事情。

这几年里，有无数逆行者奋战在抗击疫情第一线，白衣天使、警察、社区干部、志愿者等，为了人民的生命安全，他们响应国家号召，舍小家顾大家。三年来，他们几乎没有假期，除了完成自己的本职工作，还要到处奔波。比如核酸检测人员，有时下了夜班要马上到检测点，顾不上休息，没时间吃饭。厚厚的防护服让他们汗水淋漓。其实他们也是普通人，也会劳累，也会惦念家中的老人孩子，可是疫情当前，他们心中装着祖国，顾全大局，冲锋陷阵。所以，我想叮嘱你们的第二句话就是满怀深情热爱祖国。那么就要求我们从小学习真本领，磨炼坚强意志，长大之后，无论走到哪，无论从事什么工作，都要坚定不移地爱祖国，爱人民，用实际行动报效祖国。

五月中旬，两周的居家学习课程，像一块试金石，检验了同学们的学习习惯、做事态度等一系列品质。每个人心中都有梦，就像美丽的星空一样绚烂，但要想实现梦想，就必须脚踏实地，不懈努力。隔着屏幕，个别同学作息时间混乱，听讲的时候精神涣散，游戏玩得昏天地暗，书写潦草凌乱，说到作业就借口敷衍……自以为脱离了老师的视线，可以投机取巧，放飞自我，实际上只是自欺欺人，掩耳盗铃。殊不知，短短两周时间，那些刻苦学习的孩子已将你远远地甩在了后面，你丢掉的不仅是书本上的知识，还有良好的习惯、勤学的品质、做人的诚信，一时的放纵换来无尽的懊悔。所以，我要告诫同学们的第三句话就是为了理想坚持不懈，切不可轻言放弃。古语说："逆水行舟，不进则退。"越是在困难面前，越要严格自律，咬紧牙关，不怕吃苦，奋力坚持，这些将筑牢你实现梦想的阶梯。

六年级的孩子们，还有不到二十天就要考试了，到那时你们将离开生活六年的母校。你们是六小建校后的第一批孩子，这所学校见证了你们每一个人的成长，你们最美的童年都留在了这片土地上。我希望，你们能够怀一颗感恩之心，刻苦学习，奋发努力，用最优异的成绩回馈母校，向辛勤培育你们的老师表达谢意，我更希望未来的你们永远平安幸福。

孩子们，六一是童年的节日，在这个美好的日子里，让我们用歌声唱出童年的喜悦，用舞蹈诠释生命的活力，用音乐奏响节日的激情。祝所有的孩子六一儿童节快乐！

七、神圣的入队仪式

◎徐莉娜

　　"六一儿童节"就要来了，这一天也是新队员入队的庄严时刻。昨天接到任务，我们班要选出十名队员为新入队的一年级小队员系红领巾，并为他们准备礼物。我想，如果让孩子们精心制作一张贺卡，以少先队为主题，并写上祝福的话，那多有意义。孩子们果然听了我的建议。早上收卡片时，我被那一张张制作精美的卡片吸引了，心想：收到卡片的孩子多幸运啊！尤其是乔乔做的立体卡片，书页形的外观，封面上是两个错落有致的降落伞，降落伞由十几片伞页组成，每一片伞瓣竟然可以像书页一样翻动，一个伞筐可以开合。打开后，上边的部分自动粘在伞柄上，原来里面藏了磁铁，露出的文字写着一句祝贺的话。封面周围还贴着云朵和五星。更大的惊喜在打开卡片后，左右两部分由一颗红心连在一起，心的中间突出一个立体的平台，台上插着七八株花茎，茎上顶着五颜六色的"小心心"。最打动人心的还是那一段饱含温情和祝福的寄语——小同学，从今天开始，你就成为一名优秀的少先队员了，你是一个聪明的小朋友，愿你能懂得要有一颗感恩的心，感谢父母，感谢老师，感谢学校！话语不能算长，但因为是出自一名三年级小孩子之手也禁不住让人感动。我把这张卡片展示给同学们看，大家都情不自禁地回忆起三年前他们收到的贺卡的模样，脸上洋溢着自豪感。

　　这自豪是谁赋予的呢？我不由得赞叹我们学校的少先队工作，如此

细致又充满仪式感。想想为什么有的孩子不爱佩戴红领巾？为什么他们把红领巾团揉得不成样子？除了个人生活习惯出了问题，更主要的是对少先队、对少先队的标志缺乏敬畏。如果他们从小参加了这样隆重的入队仪式，接受了这样正规的入队教育，承担了各级组织的深情重托，他们心中的少先队组织便是神圣的，也能体会到成为一名少先队员是无比自豪的。

今天观看了我们学校"红领巾心向党 争做新时代好队员"的一年级入队仪式，我感受到我们的孩子是幸运的、幸福的，有县少先队领导、校级领导、我校少先队领导的参与和祝福，他们的内心该多么激动。当大哥哥大姐姐亲手把红领巾为他们系上，把盛满祝福和嘱托的礼物放在他们手中，小队员们一定会永远铭记这庄严的时刻！

八、红领巾心向党 做新时代接班人

◎苗雅梅

少先队员是祖国的希望，抓好少先队工作是学校教育的大事。丰宁六小自建校以来，统筹规划，详细制定少先队活动计划并严格落实。在全校师生的共同努力下，我校少先队被评为县、市级"优秀少先大队"，并获得河北省红领巾奖章"四星章"的殊荣。现将少先队工作与大家分享。

（一）站稳"一个阵地"

努力建设少先队阵地，开展各项教育活动：升旗仪式庄严规范，多种主题培养少先队员的爱国主义情怀；蒲公英广播内容丰富，对全体队员进行校园安全、行为习惯、意志品质等正面引领；每周一的班队会程序规范、主题鲜明，让红领巾接受洗礼；大队委服务阵地有声有色，让大家争做校园环境小卫二、志愿为小树浇水、主动帮助低年级小朋友；结合德育评比，开展红领巾争章、争做文明标兵、争创文明班级活动，让每名队员向先进看齐。

（二）抓住"两个基点"

养成教育是我校的德育特色。每学期开学，少先队都会开展为期一个月的习惯养成训练，并进行测评验收，从而让队员养成良好习惯；少先大队还成立了"卫生监督岗""纪律监督岗"，主要管理队员们的路队秩序，上下楼行走、课间活动、卫生保持等，以便规范队员行为，做文明守纪的好队员。

通过开学典礼、喜迎国庆、红歌传唱、演讲比赛等多种活动，激发学生的爱国情怀，将爱祖国、爱人民的种子播种在队员心中，激励学生做有责任担当的好队员。

（三）发挥"三个招法"

一是主动作为，获取学校的大力支持。在学校党支部引领下，少先队提想法、出策略、抓典型，开展了"喜迎党的二十大"系列活动，主动承担少先队员的思想教育。

二是与各部门形成合力。与政教处联合开展德育活动，与教务处共同谋划综合教育，依托安稳办为队员的身心健康保驾护航。同时充分发挥辅导员的聪明才智，使少先队活动生动活泼，富有实效。

三是家校共育发挥效能。少先队工作离不开家庭教育的助力，学校大课堂，家庭小课堂相互融合，和谐统一，教育才能发挥最大效能，少先队员才能健康成长。

（四）牢记"四心不变"

为深入贯彻习近平总书记对少先队员的要求和勉励，我校少先大队通过红色爱国主义教育、传统节日教育、扣好人生第一粒扣子系列活

动，引导少先队员红心向党、童心向美、爱心向善、恒心向上，争做新时代有理想有担当的好少年。

（五）争做"五会少年"

在少先队建设中，我们依托德育平台，以生活体验教育为主线，以习惯养成、励志教育为基点，抓落实、促规范、创特色、求发展，围绕安全、爱国、科技、法制、文明、体育、艺术、读书八大主题活动，按月组织开展各项丰富多彩的少先队活动，让少先队员们在体验中启迪智慧、在分享中滋养美德，争做会学习、会自理、会孝敬、会合作、会关注的好少年。

青少年是祖国的花朵，少先队工作为青少年的发展指明方向。今后，我校少先队将牢记习近平总书记对广大少年儿童的殷切希望，教育引导少先队员积极投身校内外实践，从小学做人、学立志、学创造，努力争做新时代好队员，用实际行动让红色基因代代传承。

九、少先队入队仪式

◎苗雅梅

今天，一年级的440个小娃娃加入少先队了！

入队仪式庄重、热烈，令人无比自豪和充满喜悦感。整个活动中，我对其中两个环节印象极为深刻。

一是宣读新队员名单。按照以往的惯例，每个中队宣读一两个名字后直接加上一个"等"字，就代表全员了。可是今年，大队辅导员一个一个宣读，整整读了十分钟，440个孩子，一个不落。炽热的阳光下，孩子们站得笔直，神情专注，认真倾听，我想，当他们听到自己名字的一瞬间应该特别自豪吧，因为这毕竟是他们人生中向党组织迈出的第一步。虽然时间很长，天气很热，但这样庄严的宣读对孩子来说却至关重要，那声音会永远留在他们的记忆中。

二是四年级老队员为新队员赠送礼物，佩戴红领巾。孩子们的礼物各式各样，都是精心挑选或是亲手制作的，代表着他们对学弟学妹的真切关爱。当他们郑重地为小朋友佩戴红领巾时，一份责任、希望、嘱托也随之落在新队员的肩上。这种仪式感，这份对少年先锋队的热爱将会深深震撼孩子们的心灵。

坐在主席台前，一些领导不禁感慨："我们小时候加入少先队，哪有这些仪式，稀里糊涂戴上红领巾就是少先队员了。"也许正因为如此，我们对少先队组织的认知没有像他们这些小朋友这样热烈而深刻。所

以，活动育人才是最好的德育渠道。我们要经常提醒自己，每一次德育活动都要精心策划，力争目标明确，主题鲜明，让孩子亲身参与、实践、体验、创造，不但能够提升他们的综合素养，更能将美好的种子播种在他们心田，影响他们一生。

十、大队委成员授章仪式

◎苗雅梅

早上的升旗结束后，学校为新入选的大队委成员举行授章仪式。

在班主任的推荐和学校层层考察筛选之后，共有41个孩子当选了少先队大队委，他们是各班的优秀代表，也是少先大队里涌现出来的佼佼者。看着他们挺拔的身姿，坚定的眼神，我感受到孩子们为少先队服务的决心。当校领导把那象征着荣耀和责任的三道杠戴在孩子肩上的时候，操场上响起热烈的掌声，孩子们热切的目光中充满了信任、喜悦和羡慕。在这样的仪式中，又激发了多少孩子的上进心和进取意识，这也正是德育教育的功效。

学校教育的首要任务是立德树人，这是一项长久的工程，不会一蹴而就，更不是依靠简单的说教或是强制管理就能收到良好实效的。它需要思想的引领，制度的保障，活动的深化，就如我们的班级文化思想引领自主管理，班级评比量化考核，丰富多彩的主题活动，在这样环环相扣、层层递进的德育管理中，学生的思想品质才会在春风化雨中得以滋养，逐步形成健全的人格、向上的风貌。

所以，不要吝啬时间和精力，要用润物无声的德育教育方式去呵护每一颗幼小的心灵，就像那一封封充满真情的书信，就像那一次次推心置腹的谈话，就像孩子瞌睡时那一回回善意的提醒……每一次用心的德育教育之后，都会促使孩子发自内心的改变或是收获意想不到的惊喜。

十一、幸福的校本课

◎苗雅梅

下午又是孩子们期待的校本课时间，坐在办公室都能想象到他们的兴奋！

刚走到起航楼二楼，一阵香味就飘了过来，面香？奶香？火腿香？还是……总之那香味太诱人了！楼道里的孩子四处张望，耸着小鼻子，使劲地吸气，相互感叹着："呀！真香！"眼看口水就要流下来了。

忍不住地想笑，可是自己的脚也不自觉地被那香味勾了去。推开烘焙室的门，浓郁的香味扑面而来。孩子们穿着小围裙，戴着厨师帽，正围在操作台周围，像模像样地制作面点：有的在做面坯，有的在放火腿，有的拿着小刷子，来来回回刷油，还有的正捏着一小撮白芝麻，小心翼翼地撒上去……一派热闹忙碌的景象！孩子们神情专注，脸上洋溢着喜悦和满足，像极了春日里吸饱了水分悄然怒放的花朵。

烤箱里的一盘面点恰好出锅，热气腾腾，香气扑鼻。金黄的饼坯上躺着一个胖乎乎的小火腿，馋人得很。也顾不得还有那么多孩子在旁边眼巴巴地看着（他们一会还有很多呢），先拿起一块品尝吧——热乎乎，油滋滋，软糯糯，香喷喷，那味道简直绝了！一边吃一边表扬身边的孩子："你们的手艺真棒！了不起，给你们点赞！"一个戴眼镜的小女孩落落大方地回答："校长，过奖了，您喜欢就好！"

真羡慕现在的孩子，在学校里能够享受到那么多优质的教育资源，

除了国家课程，还有丰富多彩的校本课程，开发智力，亲历实践，参与表演……只要想学，就有很多机会，让自己可以成为全面发展的人，成为将来既能服务社会又能拥有个人生活品质的人，也就是我们所追寻的终极目标，做一个幸福的人！真希望每一个孩子都能珍惜当下，不负时光，只有这样，才能有足够的储备去享受未来。

突然很期待下一个周四的到来，这些孩子又会创作出什么新品呢？

十二、当导演

◎徐莉娜

　　我们学校在四中展演的舞台剧《绿野仙踪》和去年冬天在本校上演的《尼尔斯骑鹅旅行记》大获成功。欣赏之余，不由得在想，这服装哪来的？这么合身！这道具怎么做成的？太神奇了吧！这情节怎么排出来的？太厉害了吧！哪一样对我而言都是难以做到呀！只有默默赞叹，自愧弗如的份儿。

　　没想到，今年学校把我安排进了舞台剧的校本课里，我惊得嘴巴张圆了：我……我……行吗？虽然，我愿意尝试，能拍出一个好剧是多么大的成就，可又信心不足。在领导的鼓励与帮助下，我决定试一试，

　　本周开始走马上任。说干就干，首先从选人开始，没想到报名来面试的孩子这么多，昨天几乎排了一楼道，很多孩子放弃原来有趣的课程，改行来做小演员。我们班有一个女孩就放弃了喜欢的烘焙课，来参加表演，真是不可思议。有的孩子没轮上，连续好几个课间都来找我面试。我想，孩子们对表演的喜爱，一定是因为学校两次成功的舞台剧演出，不但激发了他们读书的热情，还激发了他们表演的积极性。然而，并不是每个人都适合表演，尤其是名额有限的情况下。当落选的孩子可怜巴巴地求着我再给他们一次机会，我真不忍心打消他们的积极性，只能把话说得尽量委婉。

　　这几天我成了一个大忙人：课间，办公室门口围着一大群孩子，眼

巴巴地望着我；早晨和中午刚到校，我就被团团围住；甚至放学后，还有不少的孩子来办公室找我……瞧瞧，不当"导演"都难啊！

说来好笑，虽然我未见过导演选人的过程，但感觉自己似乎进入了导演的角色呢！我往凳子上一坐，手里拿着纸笔，孩子们或表演着自己喜欢的角色，或表演我给他们设定的角色，边表演，边偷眼看我，看他们紧张的样，我心想自己有那么可怕吗？忙用温柔的语气告诉他们，想怎么演就怎么演，放松。演着演着，他们就走到我背后去了。我忙开玩笑说："你们要演给我的屁股看吗？"他们不好意思地笑起来。我开始行使我的权力，过于拘谨的待考虑，声音过小放不开的、表情不到位的、说话吐字不清的、记忆力不佳的均待考虑。而一些孩子有过表演经验，落落大方、声音响亮干脆、语调抑扬顿挫，无论动作还是语言，一上手就入情入境，让人眼前一亮，我立马拍板留下，其中四年级孩子入选的人数最多。几天来，我选中了25个，可是女生偏多，因为她们的表现力更强一些，下周争取能再选中几名不同年级的小伙子，我的队伍就可以操练起来了。

我这"导演"眼力如何，导和演的能力如何，其实连我自己都没底。没有比脚更长的路，期待在领导的支持下，同事的帮助下，在这门校本课上，我能给孩子带来更多表演的乐趣，为我们学校的舞台剧积聚人才，闪亮登场贡献一份力量！

十三、一场奇妙的旅行

◎徐莉娜

一场《尼尔斯骑鹅旅行记》惊艳了我平凡的一天，这是迄今为止我观看过最好的一场课本剧表演。这部书是诺贝尔文学奖获得者，瑞典作家塞尔玛·拉格洛夫的经典巨作。我曾经看过两个版本，今天竟然能在舞台上看到书中情节的再现，而且孩子们把故事演绎得如此逼真、生动，让我激动不已。

首先惊叹于我们学校无与伦比的场地。舞台给了课本剧表演以宽阔的空间。只有这个舞台，能同时让那么多的孩子一饱眼福，又是这个舞台，给数以千计孩子的童年留下闪光的一页。这情景像宝石一样珍贵璀璨。

敬佩于我们老师非凡的智慧。一本厚厚的书，老师们能从中选取经典的情节，创编出近四十分钟的剧目，与狐狸斯米尔斗智斗勇、救大雁阿卡、救山羊、赶走大老鼠解救古堡等一系列的故事情节深入孩子仜的内心。孩子们同故事中的人物同命运，共悲喜。当伙伴们处于危险中时，观众们一阵唏嘘；当正义战胜邪恶时，现场又瞬间爆发出一阵热烈的掌声。回来后，孩子一直把"尼尔斯"挂在嘴边。这说明演出是成功的。看那服装、道具，多么有代入感；听那一句句生动的台词，无不体现编者的智慧；再看小演员一个个有趣的动作，惟妙惟肖的眼神，无不倾注了老师们的心血。能排练出这么精彩的演出，我们六小的老师太了

不起了！

　　震撼于小演员精彩的表演。那"小尼尔斯"，简直是上天派下来的小天使，他的表演天赋，赢得了无数观众的心，连我这个成年人，也都要成为他的粉丝了，激动得把手掌都拍疼了。他欢快地跳舞，我就跟着快乐，他蒙着眼发出伤心的哭声，我的心都要碎了。还有那只"小狐狸"，迈着轻悄悄的步伐一出场，孩子们就忍不住喊出了声——"它来了！"。大雁阿卡本来是只母雁，可是扮演的男孩有高大的身材，宽厚的胸膛，让阿卡的勇敢、坚毅得以完全展现。当"尼尔斯"伤心落寞时，"大雁"成了他真正的依靠。每个小演员都给孩子们留下了难忘的印象。

　　当然，更要敬佩学校领导的高瞻远瞩，能想到这么好的创意——把精彩的课本剧搬上舞台，让全县最漂亮的报告厅发挥出最大的价值。在孩子的阅读世界中打开了一道更加多姿多彩的大门，进一步点燃了孩子们向美妙书山攀登的欲望。阅读天地原来如此广阔，如此美丽。孩子们一定会争着抢着在童话的世界遨游！

　　欣赏完精彩的演出，我们要把它的教育意义延续下去。回到班级，我让孩子说说观后感，有的孩子从尼尔斯身上受到启发，要做个爱帮助人的孩子，有的孩子说要做个爱学习的孩子，有的说要做个爱读书的孩子。我激动地把书中的其他故事也讲给他们听，在孩子的阅读路上又加了一把火，最后让孩子把今天的所见所感写成一篇日记，这次活动才算圆满。

　　不光孩子是幸福的，我也是幸运的，来到咱们学校，也仿佛来到了另一片天地，像尼尔斯一样踏上了一条更加奇妙的旅行之路，它阳光、向上、美好、充满新意，我的教育人生也变得绚丽多彩起来！

十四、风铃草绘本馆

◎苗雅梅

小雨过后，地面湿漉漉的，校园里散发着泥土的清香和青草的芬芳。

走进心心念念的绘本馆，它又一次变了模样：书架上已经摆满了图书，鲜艳夺目的颜色，给我带来强烈的视觉冲击，大小不一的形状十分可爱，温暖着心灵。随意抽出一本，质地偏硬的封面让人忍不住想来回地摩挲，里面清新的画面和带着稚气的文字妙趣横生，让人爱不释手。别说小孩子，就是成人也没办法拒绝绘本的诱惑。书架中间设计了三个拱形的小圆洞，壁纸上的人物活灵活现，它们可都是绘本故事中的小精灵。地面上铺设了曲线形的双层木质地台，它既可以保障孩子们行走中的安全，又方便孩子们自由阅读：或坐、或趴、或卧。当然，馆里还为孩子们准备了暖黄色小坐墩，软乎乎的小坐垫，坐在上面读绘本是不是更惬意呢！绘本馆不大，但还是合理地划分成几个区域：阅读区、创作区、表演区、展示区，功能齐全，设计得简约精致。

柔和的灯光下，看着琳琅满目的绘本，我的内心充满了无限喜爱。于是想到了创建绘本馆的初衷。我们常常说要想培养孩子的阅读习惯，就要激发他们的阅读兴趣，那么首要任务就是要拥有一批好书，而绘本无疑是最好的选择：靓丽的色彩，生动的情节，有趣的画面，不但能够带给孩子们视觉的冲击，更能引领孩子们翱翔于想象的空间，其中充满

真善美的故事更能温暖他们稚嫩的心灵。每一个与绘本相伴的孩子，必定会拥有一个快乐、温馨、美妙的童年。从看绘本，到爱上阅读，简单自然，水到渠成，这就是我们一直以来都想实现的"为了每一个孩子"的朴素想法。

绘本馆建成了，接下来就要看图书管理员如何管理，低年级的语文教师如何引领了。"好书"是第一要素，"好地"是必备条件，而"好人"才是提升学生阅读兴趣和阅读水平的关键。

我们给这个小屋起了个好听的名字：风铃草绘本馆。风铃草在植物花语中，蕴含幸福之意。而它本身的意象也极为迷人：微风过处，叮叮咚咚，摇曳生姿，象征着梦幻、生机和灵动，代表了每一个可爱的学生。

十五、绘本狂欢

◎苗雅梅

　　持续多天的高温，让大地像蒸笼一般，闷得人喘不过气来。在大家的热切期盼中，雨终于来了，轻轻悄悄，从昨天晚上一直下到现在。地面湿漉漉的，气温一下子变得凉爽宜人，空气中飘着淡淡的泥土和花草的清香，盛开的玫瑰上挂着玲珑剔透的小雨滴，圆滚滚，亮晶晶，甚是可爱。满树的花朵在雨水的滋润下，羞涩地低下头，让人不自觉地想到杜甫诗中描绘的景象，"晓看红湿处，花重锦官城"，真的是这样呢！

　　淅沥的小雨为大地带来一片清凉，可是却给小孩子们带来无尽的失望，因为原本准备今日举行的绘本狂欢在雨声中被迫搁浅。早上巡课走过一二年级的教室，孩子们都打扮得漂漂亮亮。有的梳起了古装小辫子，穿着飘逸的纱裙，像极了《白蛇传》里的小青姑娘；有的头上戴着稀奇古怪的帽子或装饰，即使课堂上也不肯摘下来；有些孩子穿着绘本人物中的服装，还拖着一条长长的尾巴，特别滑稽……教室的书橱上摆放着大大小小的毛绒玩具，门外堆放着各式各样的小凳子，看来一切筹备妥当，只差太阳公公一个笑脸。

　　第二节下课，雨停了，但是单项测试又来了，于是孩子们又开始了焦急的等待。直到11点左右，孩子们才叽叽喳喳地涌向活动场地。太阳直射下来，地上的雨水变成热气蒸腾起来，可这些丝毫没有阻挡孩子们的热情。他们尽情地表演课本剧、阅读绘本、听老师讲故事、玩得不

亦乐乎。只可惜时间太短暂了，孩子们还没有尽兴，活动就结束了，小家伙们只能带着遗憾期待明年的狂欢了。

其实，所有的读书活动都只是一种形式，最终的目的是调动孩子们的阅读兴趣，激发阅读欲望，养成阅读习惯，让阅读陪伴孩子们一路成长，让生命变得更加丰盈而有趣。

十六、图书跳蚤市场

◎苗雅梅

今年的端午节真是热闹！

早上天气微阴。吃过热腾腾的粽子，元气满满，步行上班。室外空气清新，温度刚刚好。大街上的人比往日多一些，大都是登山回来的，有人手里拿把艾蒿，有人耳朵上夹片艾叶，据说是用来驱病辟邪的。走到天鸿街早市，立刻变得喧闹起来！各种各样的商品琳琅满目：蔬菜、水果、山野菜、形状各异的葫芦……还有冒着热气散发着香气的小吃：包子、馄饨、油条……当然缺不了端午节的必备美食——粽子，江米的、大黄米的、各色米混合的，应有尽有。吃上一口，软糯香甜，唇齿留香。放假的人们在集市上闲逛，看看这个，挑挑那个，优哉游哉。

八点钟，学校三四年级的图书跳蚤市场开业了。孩子们早早准备了花花绿绿的售书海报，画面精美，语言风趣，颇能吸引人们的眼球。譬如"小鬼来当家　摆摊当老板""老板年纪小　商品随便挑""老板虽小书可不少"……五花八门。操场上人头攒动，有忙着卖书的，滔滔不绝地推销，再加上各种营销策略：赠送书签、糖果、小文具、降价销售、买一送一等；也有在各个书摊前精心挑选的，看看封面、翻翻插图、和老板一番讨价还价……孩子们大都淘到了自己喜欢的书，喜滋滋地和别人分享淘书的乐趣；老师们也穿梭其中，给年幼的孩子挑绘本，顺便也给自己淘上几本，运气好的话，还真能遇到几本心仪的。今天我就入手

了7本，其中无人问津的《蒙台梭利的教育》《朝花夕拾》《山海经》共计14元，真是划算。当然，也有些老师无法抵挡孩子们的热情，纯粹为了捧场购买了一堆，据说有人一口气买了20本，哈哈！

端午节不放假很少见，但是校园内的端午节不沉闷，不枯燥，给我们带来了别样的收获与快乐。

十七、收获的一天

◎徐莉娜

　　热热闹闹的跳蚤市场开市了！一张张丰富多彩、充满创意、吸引人眼球的海报或悬挂或张贴，显示着场面的火爆热烈。琳琅满目的书籍、各式各样的摊位、幽默搞笑的广告词，都不由得让我赞叹孩子们非凡的才能。老师只做了一根指挥棒，孩子们就把活动办得有声有色！

　　众多的书摊里，我最喜欢的依然是小轩轩的。一大早，轩轩就出现在操场上了，还请来了奶奶帮忙，支桌子、挂招牌。等小组同学到齐了，各色的书摆上，几位同学往摊后一站，别说，这几位小老板还真有模有样呢！长长的书桌上挂了一圈气球，桌旁还插着几只彩色风车，风一吹，风车轻快地转动起来。旁边立着的海报招牌也装饰了很多气球，远远望去，这书摊可真精致。加上组员们带来的好书，他们的书摊不一会就招揽了许多顾客。其他的小组也都各有各的经营策略，八仙过海各显神通，诸如低价销售、送赠品，远处七班还有一个孩子在书摊前吹奏乐器吸引人驻足呢！

　　我也忙着选购自己心仪的书目，逛完回来发现孩子们的书已经所剩不多，他们攥着一大把钱，正起劲地数呢，一张张小脸上写满了心满意足。市场上，也不乏感人的瞬间。小宇组还剩最后几本不太畅销的弓，她已经赔本大甩卖了，低至一元两元。有一位老师看中一本，小宇干脆送给老师了。等我们收摊时，老师正到处寻小宇，非要给孩子五元钱，

说自己绝不能白要。这样的场面多温馨呀！

这真是一场有意义的活动。孩子们既卖出了自己多余的书，有了不少的收入，又淘到了喜爱的书，还锻炼了自己的实践能力，个个喜笑颜开。

十八、为荣誉而战

◎郭志华

（一）

今天下午，学生在操场上进行自理能力比赛。场面热火朝天，孩子们兴致高昂，加油声、呐喊声，响彻云霄。即使是那些没有参加比赛的孩子集体荣誉感也特别强。看得出，他们使出了全身的力气，拼命地加油，嗓子都喊哑了。再看赛场上的孩子们紧张有序，不慌不忙。

最吸引人目光的就属水果拼盘的比赛了。孩子们一个个准备好了丰盛的食材，切得有模有样，拼盘更是创意无限。我怎么也没想到利用水果还能拼出一棵椰子树，还有小金鱼、小刺猬，而且都栩栩如生。看到这些有趣的创意，我内心不由得开始佩服起孩子们丰富的想象力。最吸引人的怕是孩子们做的拌黄瓜啦。翠绿的黄瓜，加上切好的半个鸡蛋，再加上红色的点缀，那画面真让人赏心悦目。我还真做不来。

有时候真得向孩子们学习。就算面对一件普通的物品，也能有那么多稀奇古怪的想法。突然想起那句话：在想象的世界里，没有什么是不可能的。这个下午定会给孩子们留下难忘的回忆！

（二）

　　今天早上，孩子们期盼已久的图书跳蚤市场终于和大家见面了。孩子们制作了精美的海报、广告牌，有的同学甚至从家里搬来了桌子、卖东西的架子……俨然一副小商人的架势。

　　由于各位班主任提前把工作做得非常到位，孩子们井然有序，把书摊摆得整整齐齐，还在桌子上面铺了台布，各式各样，花花绿绿。放眼望去，操场上俨然一副热闹的集市模样。孩子们兴奋地在操场上跳啊、说啊、笑啊，好久没有见到他们这么开心了。尽管我用话筒在操场上不断提醒孩子，可是，依然压不住孩子们内心的热情。太阳也从云层里钻出来，和孩子们凑起了热闹。不一会儿，孩子的额头上、脸上都冒出了汗珠，可是叫卖声仍然此起彼伏，促销手段五花八门，送赠品的、抽奖的、打折的、买一送一的，可谓花样百出。半个小时左右，有一个书摊上的书竟然全部售出，我忍不住给他们点了一个大大的赞："你们真厉害，快去淘自己喜欢的书籍吧！"说完，孩子们像一群快乐的小鸟奔向了集市。

　　学校的领导和老师们也纷纷来到跳蚤市场，挑选自己喜欢的书籍。今年书籍的质量和往年比起来有所欠缺，大多是孩子们读过的书籍，更适合低年级孩子选购，而适合中、高年级孩子读的书比较少。所以我临时产生了一个想法，就是明年让三至六年级的学生都可以参加图书跳蚤市场活动，使家里闲置的图书充分发挥它们的作用，让它们找到新的主人，继续发光发热。

　　课间，其他年级的老师也带着同学们纷纷加入。大家在市场里尽情挑选，不一会儿就挑到了自己满意的书籍。我也禁不住孩子们的热情，买了好几本。给他们捧捧场吧，只要孩子们目标完成了就好。可以想象孩子们捧着自己喜爱的书籍畅快阅读的样子，有多迷人呀！

　　快结束的时候，一个五年级孩子匆匆跑了过来。我一看，她手里抱

了十多本书。跟她简单交谈之后，才得知摆书摊的孩子们看见书市马上要收摊儿了，才肯便宜出售。经不住这个五年级孩子的劝导和诱惑，竟然把手里的书全盘卖给了她，而且价格相当便宜。这才是真正的买得开心，卖得也开心。与其放在家里闲置睡觉，不如让书籍找到新的主人，顺便还能用它去换一本自己喜爱的书籍，这不是两全其美吗？

十九、小球赛 大学问

◎徐莉娜

  终于轮到我们班出战校足球联赛了。孩子们兴奋地奔赴场地，队员们上场开始赛前热身。徐子轩，是我们班最有实力的选手，他一边在场上跑圈，一边笑着伸出右手和场外无数观众热情击掌，一副球星的派头，信心满满。一名队员把球轻轻朝前一踢，比赛竟然开始了。我记得电视上，都是在大家弓着身子紧张的等待中，一名球员飞起一脚，球爆发性地射出，而我们的球却是缓缓地滚向前方，这会是怎样一场球赛呢？

  再看双方对阵，除了实力较强的选手，我方还有两名瘦弱的男孩，一名高高胖胖的戴眼镜男孩，令人惊喜的是，5人中有2人还穿了专业足球鞋。再看对方，好几名壮士选手，好几个都穿了足球鞋。裁判一声哨响，双方开始对决。只见七班配合默契，无论球踢到哪个方位，都有人接球传球，而我们这边，后方时有空缺，结果对方连连进球，比分成了3比0。观众们不断喊加油，此时我们八班方才回过神，小徐子轩拿出专业水准，对方球来，就地蹲下一铲，直接拦球，飞起一脚，球速虽不如球星，但也激起小观众一声高过一声的欢呼。我方连续改变战术，换了三个守门，更换几次替补，最后竟然把比分扳平——3比3，创造了奇迹。我们喊呀，跳呀，以最高礼遇把英雄们护送回班。

  球赛虽结束了，但精神要传承。首先我们的小队员，有韧劲，有荣

誉感，几次被撞倒地，爬起来，继续冲锋。这种球场精神必须发扬，若贯注到学习上，那应该没有不成功的孩子。我们表扬英雄们就是宣扬他们为集体争光的责任感。其次，友谊第一，比赛第二。当我们输球时，几名女生哭了，听说甚至还有辱骂邻班的。回来后，我也对这件事进行了疏导。孩子们在每天紧张的学习之余，能到操场上面对蓝天碧草，为班级加油，观赏激烈的足球赛，是一件多么快乐有意义的事。没有激烈的对决，就没有观赛的乐趣，我们还要感谢邻班。我们的目的是享受比赛的过程而不仅仅是输赢。对手赢了，必有我们值得学习的地方，我们输了，下次还有机会。

孩子们擦干眼泪，似乎明白了。这场球赛让我们集体的凝聚力进一步增强了，明天的我们将更加坚不可摧！什么时候进行下一战，我们充满期待，因为我们的精神永不倒！

二十、足球联赛

◎张艳

今天如期进行足球联赛，我似乎比孩子们还要兴奋，想到我们班孩子以前在绿茵场上奋力拼搏的身影，但又想到一场场的战败给我内心留下的阴影，我的心中自然五味杂陈。

今天上午的最后一节课，我们班球员与六年七班球员在操场上"兵戎相见"，这次班里的小运动员们都拿出了一雪前耻的劲头。一声哨响，足球赛便开始了。操场上加油声此起彼伏，呐喊声一浪高过一浪。不过我们班的问题也逐渐浮现出来：第一，我们班的同学在场上站位太过密集，不懂得配合，抢到球不传球直接踢走。第二，守门员离球门太远，无法及时防守。第三，进攻时也不能及时渗透到对方内部进攻。

现场的形势很是焦灼，不过好在我们最后还是取得了一点点优势。南哥飞起一脚，夺得了第一分……关键时刻刘佳奇又进了一球，就这样我们将比分控制在2∶0。小S同学渐渐体力不支，但是又不愿下场，于是便将优秀的守门员柴子轩替换下去，充当起了守门员。作为守门员发球，他将球误抛给了对方球员，对方接到球直接将球射进我方球门。这下，我们班的孩子开始慌了，七班趁机又拿下一球。伴随着最后一声哨响，球赛2∶2结束。点球大战开始了，我们班只能留一名球员来守门，小S同学自告奋勇担当大任，在形势如此危急的时刻，七班的一名队员一脚射门，直接射进了我们的球门。几次点球都不理想，我们渐渐地处于下风……尽管我嚷得满脸通红，嚷干了嗓子，嚷到缺氧头晕，但是球赛失败似乎再次成为定局。

六年级最后一场足球赛，我多么希望他们能赢一次啊！或许没有遗憾的人生是不圆满的，我只能这样安慰自己。回来的路上，孩子们垂头丧气，校长鼓励他们："不要紧，下次再接再厉。"不知哪个孩子小声说："六年级最后一场，没有下次了。"听了这话我心里更觉得遗憾了，孩子们想赢最后一场球赛的愿望落空了。即便如此，我还是想说，虽然我的孩子又一次落败，但是这场足球比赛依旧是我们小足球队员们努力的最好见证。无论如何，我相信我的孩子们永远都是最棒的。

二十一、细微之处送温暖

◎佟辉

书法比赛我们采取的是自愿参与的原则，很多同学都积极参与其中，但也有个别不自信的孩子不敢参与。发完书写纸后，我发现角落里的马同学正在自己"制作"书法纸，然后对照着语文书，一笔一画奋力地写着，写完一遍之后拿起来端详端详，皱皱眉头，似乎不太满意。接着，他又"制作"了一张，继续进行第二遍、第三遍的书写……我偷偷看了看，字迹虽然不够美观，但明显能够看出一遍比一遍有进步了，我暗暗笑了笑，这孩子是想参加呀，我得给他一次机会！于是拿来一张书法纸，告诉他："你要认真书写，到时候和其他同学一起参加比赛。"他先是露出了惊讶的表情，随后一丝喜悦从他深色的眸子中悄然闪过。

终于，我们迎来了书法作品展示，我把他的作品也贴在了黑板上，可是却没有一个同学给他投票，我想他一定失落至极。于是，同学们投票结束后，我说："我也是咱们班的一员，我是不是也有投票的权利？"同学们异口同声地喊着："是！"我把我的票投给了马同学。大家都睁大眼睛看着我，觉得太不可思议了。我把这件事情的来龙去脉讲给了同学们听，没想到教室里响起了热烈的掌声！这时候，我看到马同学的脸上露出了喜悦的笑容，他一定感受到了来自老师和同学们温暖的鼓励。接着，从今天的作业中我看到了他对待书写的态度已经发生了很大的改变，看到了他认真学习的态度，看到了他对自己的信心和做出的努力，

听，幸福花开 二三三

期待他能有更大的进步！

　　真诚一定能打动人心，关爱一定能给人温暖。试着走近每一个孩子，多发现他们的努力，少责备他们的不足，或许会获得更大的收获。

二十二、那个冬天很温暖

◎张艳

那个冬天的上午，阳光明媚，蓝蓝的天空没有一丝白云，渐渐温暖起来的阳光洒在地上抚摸着万物，一场激烈的比赛将要拉开帷幕。

这是一场没有学生的比赛，这是一场教师之间的较量。间操时间，随着一声响亮的哨声响起，教职工拔河比赛开始了。只见老师们紧紧地抓住手中的绳子，身体半蹲，脚顶着脚，眼睛死死盯着绳子中间的小红旗。这时的老师们完全换了样儿，课堂上那严肃的神情消失了，换上了一张张紧张又可爱的面孔，像活泼又顽皮的孩子。

你看，比赛还没正式开始，我们这些啦啦队早已兴奋不已，一张张笑脸都涨得通红，比自己上场比赛还要紧张。你听，一声声的"加油"助威声不绝于耳，响彻了校园上空。再看，老师们挥着手，连蹦带跳。

"加油！加油……"比赛开始了，站在前面的几个大个子老师的五官仿佛挤在了一起！最有趣的要数体育组李老师了，只见他牙一咬，眼一瞪，身子弯成了一张弓，那双有力的大手上，青筋都鼓起来了。看到老师们这么卖力，站在两旁的啦啦队也不甘示弱，看到自己所支持的一方稍有优势，就立刻欢呼，反之，稍有一丁点儿失利，便神情紧张，双手紧握，像是自己也在场上一样暗暗使劲，恨不得冲上去帮他们拉一把……不管红色的小红旗偏向哪一方，总有或开心或担忧的呐喊声响起。

经过了一场激烈的拉锯战，随着一声洪亮的哨声响起，比赛在一片欢声笑语中落下了帷幕，赢的一方跳起来，欢呼雀跃着，输的一方也很开心，不住地向对方庆贺。教师们个个满面红光，兴奋地谈论着拔河时的感受。

此时的阳光正好，仿佛春天来了，身心放松的我们将会更加努力地工作。

二十三、开学典礼纪实

◎陈凤龙

今天，学校举行了2022年秋季开学典礼，主题是"坚定文化自信，践行责任担当"。这次开学典礼给我的印象是精练、精彩、精致。

"红色"是本次开学典礼的主色调。正值国庆节祖国生日来临，党的二十大即将盛大开幕之时，丰宁六小奏响了复兴强国的最强音。服装整洁、精神抖擞、礼仪规范的升旗方队，护卫在阳光照射下更显鲜红与艳丽的国旗入场。在全校近2900名师生高声合唱的国歌声中，五星红旗冉冉升起。此情此景，虽不及天安门升旗仪式的气势磅礴，但蕴含的爱国精神却是一脉相承的。经典朗诵时学生手中舞动的小红旗，汇成了红色的海洋。在这样的现场氛围下，经典得以流传，学生风貌得以彰显，爱国情感得以升华！

一年级小学生与高年级大哥哥大姐姐手牵手，走入幸福门，走入幸福六小。此刻踏入幸福门的庄严，会激励六小学子遵校规、感师恩、立大志、当自强。

拜师结对，互助共进，教学相长。团结协作是六小优良的传统，更是六小快速发展、优质发展的不竭动力。师父真诚，徒弟虔诚，没有虚伪，没有客套，潜心交流，共同进步。时光和成绩见证了六小人的付出与收获。

六小校园里最香的是什么？不是鲜美的花香，更不是昂贵的化妆品

的香气。六小最美的香气是"书香"。你看，最美教师手中的获奖礼品是书，颁发给优秀学生的礼物还是书。最美书香能致远，腹有诗书气自华。在书香润泽中成长的六小师生，难道不是《丰碑》里的那支队伍吗？还有什么能阻挡他们前进的步伐。

二十四、由开学典礼想到的

◎赵炎

秋季开学典礼召开在即，其中一个环节是评选最美教师，正如以往那样，孩子们投票最多的仍然是班主任。绝大多数孩子最怕的是班主任，挨班主任的批评也最多，因为班主任对孩子们的要求更多，更严厉，可为什么孩子们还是把那宝贵的一票给了班主任呢？

对于我们成人来说，可能不会那么在乎孩子们的投票，可对于很多孩子来说这却是件大事。我被孩子们写的话感动了很久，虽然那些话有些幼稚，可全都是那样真诚，一件再普通不过的小事都透着孩子们满满的感恩之情。很多时候我们被气得半死，但他们心底对老师那份不敢轻易说出口的爱其实一直都在。想到这些，我就会觉得当老师真幸福，这也许就是每个老师一直在无私奉献的根源。

孩子们是懂得感恩的，我们要坚信这一点，同时也要抓住这一点，将其融入我们的教育之中，用充满爱的教育，打造充满爱的班集体，让感恩之心转化为孩子们成长的动力，这是我们管理的艺术，我们也一定会从中体会到教育的幸福。

家校工作对于任何一所学校来说，不管是幼儿园，还是小中高都是重中之重。家校工作的核心是促使家长配合学校的教育教学工作，理解学校的工作。当有突发事件时能换位思考，不会不依不饶蛮不讲理，我们也就知足了。但有时候，我们很难左右别人，那只好把握好自己，管

好班级，让各种突发事件的发生率降低为零，家校工作自然而然也做好了。

意外伤害事件的发生，究其原因，老师的不负责任、疏忽大意、侥幸心理占很大成分。课间教室里没有班干部管理，老师对混乱的班级充耳不闻。路队行进前拥后挤嘈杂一片，班干部形同虚设；老师迟迟不到岗，或者只关注个体不顾全大局，更有甚者聊着天摆弄着手机，全然没把学生放在眼里。这些无疑都是安全隐患，是破坏家校关系的导火索，是教师威信度降低的重要因素，更会给老师自己惹一身麻烦。好在绝大多数的突发事件我们是有办法避免的，最直接最省事的办法就是腿勤眼尖耳朵好使。

"少成若天性，习惯成自然"，意思是小时候形成的良好行为习惯像天生的一样牢固。反之如果没有形成好的习惯，坏习惯也会根深蒂固进而影响人的一生。

小学是形成良好习惯的关键时期，尤其是一二年级，每天学生从入校开始排着整齐的队伍不说话、不打闹、有序进班开始安安静静地进行晨读，第一节下课将书包水瓶摆得整整齐齐，上课小手放平、坐姿端正、聚精会神听课，下课走出教室知道右侧通行、不跑不跳，集会时安静有序，知道不能违纪给班级扣分抹黑，中午按时午睡，放学按时完成作业，早睡早起。这些看上去稀松平常的事，写在书面上其实就是我们的一日常规，但想要形成习惯可非一朝一夕之事。

开学到现在已经一个月了，有的已经初见成效，有的还是毫无章法混乱不堪，不妨静下心来将这一日常规从早到晚捋一捋，哪个环节问题大，哪个环节方法不当，哪个环节心里没底应该去其他班学习学习、请教请教，哪个好习惯还没有养成。播种一种行为，就会收获一种习惯；播种一种习惯，就会收获一种性格；播种一种性格，就会收获一种命运。孩子的心灵是一块神奇的土地，我们要做懂得教育艺术的播种者，选好种子，掌握好节气，精心耕作，才能结出累累硕果。

二十五、特别的开学典礼

◎王明

妙笔生花，笔笔皆有情。妇女节在一片欢声笑语中刚刚落下帷幕，转而就迎来了这个特别的开学典礼——"一起向未来 幸福去远航"。典礼精彩而又惊艳，每个环节都有着独特的意义，深入孩子们的内心，也深深刻在老师们的心里，让我们对学习、对工作的热情更加高涨。典礼中很多个瞬间让我们感动不已，感动于祖国的强大，感动于老师的付出，感动于学子的感恩，感动于在即的离别愁绪。老师们用文字记录一份份感动，也感慨着那一颗颗小小心中装着的那份深情。

课堂上，老师的精心设计只为让孩子们更多地参与课堂，来培养他们倾听和主动思考的习惯。听课的老师总结收获，备课的老师反思问题，并互相商讨解决办法。在听课中获得能量，在反思中发现问题，提升自我。办公室里情系你我，遇到问题互相探讨，倾囊相助。班级管理中，老师之间互相虚心学习，以彼之长补己之短。这样一群好学、乐学而又无私的人在一起，每一天我们都在成长。

身为人师，又像是为人父母，身边守着一群别人家的孩子，面对他们，我们有烦有躁，但更多的是情。"情不知所起，一往而深"，确实如此。他们懈怠，我们会使尽浑身解数让他们往前赶。面对家长的抱怨我们耐心沟通，努力和他们一起为孩子保驾护航。面对孩子的怯懦，我们从不吝惜鼓励的话语，看到孩子们的进步我们更是为他们骄傲。孩子们

的一举一动，一点一滴的成长都牵动着老师的心，这些心中有情的老师们就是孩子们成长路上的加油站。

清晨的校门口学生还未到，总会最先出现几个身影，学生还未曾离校那些身影又早早地等在那里。无论寒冬酷暑从未间断，不为其他，只为孩子们能平平安安上学来，安安全全回家去。叮嘱横穿马路的，提醒不看过往车辆的，总有家长不能理解，可是他们却不知道这一份善意的提醒包含着怎样的情，这一份被忽视的情，恰恰是为了每个家庭。

埋在地下的树根使树枝产生果实，却并不要求什么报酬。我们的这份情亦然。

二十六、新的开始 新的收获

◎李艳娟

　　早上伴着和煦的朝阳，小小少年背着书包，如约来到校园门口。终于从网络回到了现实，看着他们一个个小小的身影、稚嫩的脸颊、懵懂的样子，感觉是那么可爱。还想着开学第一天是不是会有孩子大哭找妈妈，没想到我的担心有些多余了，但在上楼时，我碰到一个偷抹眼泪的小男孩。于是乎我假装没看到他红红的眼圈，和他聊天鼓励他，让他追上我的步伐借此转移孩子的注意力。

　　一天下来，颇有收获，从开始孩子找不到座位到已经可以很快入座，从有同学找不准同伴到多次训练后能找到同伴……总而言之，只要行动总会有收获。

　　月上枝头，鸟雀归家，开学第一天的忙碌校园生活结束。纵观一天的校园生活，我感受到了新生带来的新气象，同时也感受到了一天下来嘴和腿总有一个在路上；感受到从零开始的不易，同时也感受到了嗓子的嘶哑。

　　时光匆匆而逝，日月的交接告诉我们一天已经落幕。充实与忙碌相偎相依，告诉我们生命的意义在于不断地充盈，不停地释放，又不断地收获。外面路灯亮着，办公室的灯也呼应着，同事们还在挑灯夜战，这让我想起那句歌词：每当我走过老师的窗前，寂静的深夜群星在闪耀，老师的房间彻夜明亮……每个房间里都有这样的一群人，大家埋头苦

干，或练习讲课或奋笔疾书。曾几何时，亲人们引经据典地告诉我，好老师的职责是"传道、授业、解惑"。我也曾认为自己站在三尺讲台就能够成为一名好老师，而今数年过去，猛然发现老师的职责远不止此。新时代的教师，不只对学生课上负责，还要对学生课下负责，同时呢教师还要用自己的良好行为影响学生，做到润物细无声，培养良好性格的学生，让学生做一个乐观、积极、向上，并且有责任感使命感的少年。新时代，我们要迎挑战、抓机遇，要做到用更高的标准要求自己。

　　新学期，新开始，小豆丁们，我和你们一起努力，一同成长！

二十七、耐心等待 绽放之花

◎白雪

古人云：冰冻三尺，非一日之寒。我想说的是：优秀的班级管理也是如此，不是一天两天而成的，而是一朝一夕的坚持。回想起来，带这个班级也有一年了，一年里，我看到了每个孩子的努力，每个孩子的蜕变，还有每个家庭的配合，特别感动、感谢。之所以有这样的心情，还是因为今年的课间操排练。我为我们参加课间操的50名孩子感到骄傲。我想作为班主任，可能最大的期望就是孩子们在活动中有优异的表现。

从五月开始我们就积极参与到大课间中，每天在操场上认真学习广播操、自编操、武术操。在学习期间没有孩子请假，他们能自觉地规范动作要领。每个同学都是尽自己最大的努力去学，即使身体不协调，舞姿不漂亮，他们也不会放弃练习每一个动作。即使天气炎热，我们每一天都是精神饱满地站在绿茵场上。在班上我会利用课余时间给他们鼓舞打气，让他们学会坚持，从孩子的目光中，我能够感受到一种力量，一种为了学校，为了班级荣誉而战的强大力量。就这样我们满怀期待地迎来了校内的会操比赛。本来那天计划在下午，要求孩子们穿校服，穿上白色球鞋，女生盘起头发。谁知突然通知上午比赛，我只能赶紧通知家长送校服，孩子们也是特别着急，怕耽误事。好在通知得及时，在上场前的半个小时准备完毕，所有家长都积极配合将校服送到学校。孩子整装待发，我也备好服装上阵。我经常和孩子们说："不是只有你们在学，

老师们也和你们是一样的，都在很努力地学习，都在为这个班级出自己的一份力量。"正是因为有这样的激励，在比赛场上我们能做到动作整齐，状态积极，并最终取得了二等奖的好成绩。在公布成绩的那一刻，每个孩子的眼中都透露着紧张，仿佛一个个都在心里默默地祈祷。听到"二等奖"那一刻，大家都激动得跳了起来，每个人的脸上都洋溢着笑容，心里美滋滋的。回到班里我们谈了一些感想，从孩子的语言中我能够体会他们真的长大了、懂事了。

我也很欣慰和感动。欣慰的是他们懂得努力，感动于他们心里有班级。一年中我们的孩子长大了，内心的世界也有所改变，他们愿意听我的教导。虽然有时觉得我很严厉，但是也能够真真切切地感受到我的关爱。其实我想说：你们个个都很棒！

二十八、升旗随想

◎徐莉娜

一声号令，全校集合。一列列整齐的队伍，从校园的四面八方汇聚而来。孩子们身着鲜艳的校服，个个精神抖擞，准备参加本学期的第一次升旗仪式。升旗班的孩子早已列好队伍，整装待发。当铿锵有力的进行曲响起，孩子们整齐划一地迈步前进。他们挺胸抬头、目光炯炯、高高摆臂，脚步坚定有力，严肃与庄重写在稚嫩的脸上。中间的一名男孩，因为踏得结实，脸上的肉都跟着一颤一颤。旁边那名女生身姿挺拔，马尾辫跟着节奏一起一伏。他们的认真劲儿，感染了操场上的我们，也让全场振奋了起来。来到旗台下，一名旗手双手紧握国旗，紧张地等待着国歌奏响那一刻，好将旗子高高一抛，让国歌声与飘扬的国旗完美对接。一个优美的姿势，国旗腾空而起。只见他一会儿低头盯着身旁努力摇动滑轮的旗手，一会儿目视着国旗升起的高度，我知道，他这是在计算着国旗上升的高度与音乐的长度是否相合，多有心的孩子啊！他心里想的是仪式的成功，班级与学校的荣誉，我不由得为他点赞，做事有这股认真劲儿多么难能可贵！

我突然想起几个班级里认真负责，积极维护班级荣誉又不徇私舞弊的大队委，这些孩子身上都有一股无形的气质，而这种气质已经内化为孩子取得成功的隐形法宝。但也有个别孩子，我问他参加升旗仪式有什么收获，因为他当时只顾东张西望，所以一个字也说不出。这样的孩子

心里缺乏那一股事事较真儿，不达目的不罢休的执着。育人育心，教育这样的孩子要先培养他事事都要当个事的认真劲儿才好。

我们的学校也是如此，领导做事认真，精益求精，我们老师也不懒惰，更加追求完美。老师做事认真，要求严格，孩子们便不会潦草应付。这就是一股集体中的凝聚力。万事就怕"认真"二字，一旦我们认真起来，困难都会绕着你走。

二十九、我们 > 我

◎吴剑锐

我们是一群懂得感恩的人，是一群志同道合的人，是一群积极向上的人，是一群互助互爱的人。我们是一群有着共同信仰，为着同一个目标不怕艰难险阻团结在一起合作的人。我们，叫"团队"；我们，叫"美术组"。

我们没有平面设计的专业人士，但我们却完成了48个各具特色的班级文化设计图。那段日子，我们一起加班到九十点，而后有说有笑地行走在微微路灯灯光下的校园。

我们不是设计公司，也不是制作工人，但我们却用石头、泡沫、麻绳创造了形式各异的楼道文化。那段日子，我们灰头土脸，用一双双满是颜料的手夹着各种画笔、材料。我们，真正实现了"校园文化出自师生之手"。我们，真正建设了具备六小特色的书画教室。我们，勇于挑战，打造了不同类型的美术课程，磨制出一节节优质教学课堂。我们，用奇思妙想，开展创新的艺术活动，让美育带给学生幸福体验。

每一个人成功的背后，都离不开团队的支持；而每一个团队的成功，也是全体成员齐心协力的结果。我的团队，是如何凝聚在一起的：

（一）一个共同的目标

学校工作中，一群人走进了同一间办公室，团队就此形成了。但富有凝聚力的团队，却是在一次次集体活动中磨炼而成的。六小，经常以集体为单位，开展丰富多彩的校园活动。我们参与"备讲评思论"教研活动，在磨课中，我们曾争论不休，但经过了思想上的碰撞到教学设计成型后的相视一笑，那时，我们了解了彼此的心直口快。我们以组为单位出演节目，上台前一遍遍练习，在了解彼此的过程中增加了信任和包容。我们做初期工作畅想，一同拼成"xin"，它是希望之新、传承之薪、生命之欣、甘甜之辛、健康之锌。我们亲手开办"我们有话说"，让大家增进了解，加强沟通……正因为学校的这些活动，性格各异的几个人，都学会了互助、包容，为共同的目标而努力。我们的目标就是，擦亮我们共同的名字——"美术组"。

（二）一项适合的分工

没有完美的个人，但有完美的团队。一个优秀的团队，需要每个成员充分发挥其长处和聪明才智，为团队成员分配适合的工作，以实现效率最大化，校园文化建设初期，我们彼此还不够了解，那时都扎在办公室，缺少沟通交流。但后来，校园文化、画室装修、画展布置等多个工作同时进行，我们也明确了分工，擅长创意的出设计，熟练电脑操作的做图纸，精于手工的做环创，强于绘制的画手绘……我们的分工，实现了内容不重复，时间不浪费，身体不疲惫，工作不拖延。

（三）一名有脑有心的领头者

俗语有云：将帅无能，累死三军。领头者的重要性对于一个团队来

说是不言而喻的。校园文化建设工作之所以进展顺利，是因为我们有有思想的引导者——苗校长。她将文化建设与小学生手册巧妙结合，让美术组的设计有了清晰的方向。在干活的过程中，她常常陪伴在我们左右。我也在苗校的指导下，学习着做事有计划，想事想周全。每次的工作，都先进行详细合理的时间、人员、内容安排，为这个团队，肩负了一份责任与守护。想他人之所想，让信任一点一点建立；用脑做事，让团队的人轻松工作；有心待人，让团队的人心聚在一起。我希望也努力着成为让大家信任的领头者。

（四）一个幸福的团队氛围

团队中最大的幸福，是大家彼此包容、彼此帮助、共同成长。这在唐艳华老师参加的一次比赛中，体现得淋漓尽致。大赛主题为教师素质比拼，是一项比拼综合能力的赛事。年轻的我们，毫无经验，但白老师传授国画技巧，王老师协助空间设计，赵老师、师老师做课件，我改说课稿……一个人去比赛，一家人在护航。这样阳光、乐观、积极、向上、不指责、不抱怨的幸福团队，在六小还有很多很多……它不是与生俱来的，而是在一个大环境中熏陶而成的。

六小这个大团队，让我们成长，让我们变得优秀，收获满满的幸福感！成长靠学习，成就靠团队，能激励我们的是积极向上，充满正能量的同行人！有六小，亦有"我们"，而我们＞我。

三十、我的改变要从彩排开始

◎苗雅梅

"三八妇女节"的彩排进行了两次，但我感觉自己一直处于混沌之中。

音乐响起，神经便紧张了起来。聚光灯下，舞台显得空旷而恐怖。走路顺拐、动作不协调、说话对不上口型、眼神飘忽不定，面部表情极度僵硬。那份胆怯和尴尬只有在舞台上行走的人才能体会。

从舞台下来，一下子就想到了我们的年轻老师。每次听课，总会从他们身上发现各种问题，诸如面红耳赤、语无伦次；再如表情木讷、不苟言笑；还有眼神游离、不知所云……总之，比现在的我好不到哪去。评课时，我常常一针见血指出缺陷，希望他们快速改掉缺点，课堂上要成熟稳健。现在想一想，这个过程其实很艰难。年轻教师初入教坛，进入一个完全陌生的领域，内心的恐惧不言而喻。而听课领导端坐课堂，就像舞台上明晃晃的聚光灯，似乎让他们把所有缺点都暴露在灯光下，没有任何遮挡，于是讲课教师更加紧张、慌乱。越如此，越不知所措，效果越糟糕。

但人终须要成长！我的改变就要从彩排开始。首先调整好心态。给自己积极的心理暗示：没问题，我能行，多少大风大浪都能闯过来，舞台上的几分钟还能难倒我？我一定会表现得非常棒！其次，准备充分。常言道，有备无患。像备课一样，提前策划好：什么时候上场？说什么

话？唱歌时眼神要投向何方？啥时候转圈？什么时候摆造型？……将表演的所有环节熟记于心，做到心中有数。最后，勤加练习。"操千曲而后晓声，观千剑而后识器。"世间事大多可以在勤奋中发生改变。顺拐了就多走几遭，表情硬就照着镜子练微笑，动作不到位就随着音乐多跳几回……只要有恒心，铁杵都能磨成针，更何况台上短短的几分钟。

不知道年轻教师的成长中是否经历过这样的磨砺；不知你是否和我一样备好了成长这一课，并准备为之付出所有的努力。我希望年轻的你们，不要惧怕锃光瓦亮的聚光灯，把它当成一面穿衣镜，经常在它面前走一走，转一圈，让它映照所有的光彩和美丽。

三十一、心理教育的必要性

◎赵春岳

为了让全校师生更深入地了解消防逃生常识，使每一位师生都树立起防范火灾的意识，真正掌握好消防安全知识，并具备自救互救的能力，我们学校在今天举行了一次消防演练。学生们首先熟悉了疏散的方法和路线。第二节课下课，广播里响起警报，同学们听了，连忙把凳子放在了桌子下面，在老师的口令下按秩序离开教室。各层楼的老师们则在一旁指挥，防止拥堵、踩踏。没过几分钟，同学们都安全地撤离到了操场上。通过这次的消防安全演练活动，学生们学会了火灾发生时要尽快逃离现场、用湿毛巾捂住口鼻等知识。这次的活动不仅帮学生们树立了生命至上的理想信念，还教会大家怎样预防火灾和从火灾中逃生的方法，进一步增强了学校的消防安全意识和全体师生逃生自救能力。

清晨的秋风，吹过我的面颊，骑车走在上班的路上，感到阵阵凉意。每逢星期一，学校就会有一次隆重而庄严的升旗仪式。伴着明媚的阳光，同学们列队来到操场。今天升旗的主题是"心理健康，伴我成长"。有时候在想，现在的孩子们，应该比以前的孩子生活得更幸福啊，吃的玩的应有尽有，手机电脑也越来越先进。也许正是物质条件过于丰富，我们便忽视了他们精神层面的问题。现在的孩子往往活在别人的眼光与父母的期望里。父母望子成龙、望女成凤的思想给孩子带来了过多的压力。一些父母还喜欢拿别人家的孩子和自家的孩子做比较，有形无

形中都在要求自己的孩子得最好的成绩，有最好的表现。这导致很多孩子输不起、怕失败，心理上承受了许多的压力。其实，家长和老师们更应该在生活中去正向引导学生们，让他们"学会输"，而不是在他们失败的时候一味地责怪埋怨甚至打骂。学生们不仅仅要追求"赢"，更要"学会输"，能够正确面对失败。无论家庭还是学校都应该注重孩子的心理教育，让孩子们可以在充满阳光的环境中自由成长。

三十二、教师集体生日宴遐想

◎苗雅梅

今天下午，学校工会精心组织了"同心共筑梦 幸福一家亲"教师集体生日宴会。鲜花、气球、音乐将会场渲染得热闹而温馨，水果、香茗、蛋糕使屋内弥漫着生活的香甜，王冠、笑脸、祝福让34位寿星感受着家一般的幸福和美好。

生日会上，老师们回眸过往，那曾经的点点滴滴也像电影一般在我眼前闪过。有人曾经问我，管理这么大的一所学校，从无到有，从弱到强，是不是感觉特别自豪？说实在的，没什么值得骄傲的。伴随六小走过的六年历程，我的内心感受复杂，但其中最多的大概就是不容易。

2016年8月15日，三宁六小诞生，我被任命为校长，寄住在老一中最古老的教学楼里。粉刷残缺不全的墙壁，修理破烂不堪的桌椅，打扫积压了多年灰尘的教室，然后才有了我们的一隅栖息之地。所有人的办公桌椅都是旧的，80%的电脑是在教育局库房淘汰的废品中找出来拼凑的，8个班的投影打在幕布上，昏黄一片，几乎看不清影像。那一年没有升旗仪式，因为没有场地。学校唯一能够播放音乐的就是一个移动音箱，它陪伴着我们做操、集会、大课间训练。现在想一想，它是那时候的大功臣，真的应该载入六小的史册。那时候，我最擅长的就是回实验小学"借"，借物资、借器材、借专业人员……其实也是美其名曰借，因为太穷了，借了往往不还，现在学校两块古董似的红地毯还是当时借的呢。那时候，学校和"声望"一词搭不上边，一年级8个班，只招了331个学生。好多家长实在无处可去，才会被迫选择六小。那时候，上级主管部门常常把我们遗忘，开会、考评、各类活动，我们都是可有可无。每一次参加活动，我们都要在签到簿的最后一行，卑微地填上"丰宁第六小学"的字样，那份被忽视的滋味至今回味起来还很辛酸。

2017年，我们终于搬进了新校区，有了自己的家，结束了寄人篱下的生活。可是偌大的学校，把它建设好，谈何容易。四栋楼的开荒、报告厅的打扫、每一次大雪后的清扫，都浸透着老师们辛劳的汗水。学校资金的短缺，让我们习惯了过苦日子：从老一中搬家的时候，用了一年的笤帚、拖布、水桶，甚至光秃秃的黑板擦，一样不差地装上车，后来四中的领导和我说，你们六小的老师素质就是高，教学楼收拾得真干净，一张纸片都没有。正是因为我们每个老师像过自家的小日子一样，精打细算，勤俭持家，加之政府和教育部门的关心，才让我们拥有了越来越齐全的一流功能室。

学校文化建设困难重重，时间短、任务重，专家的不认可，领导的全盘否定，让我一度怀疑自己的能力水平。好在经过不懈的坚持后，终于拨云见日。理念文化确立后，文化建设小组的老师们加班加点，甚至通宵达旦进行文字设计，商讨表现形式，作图、绘画、切割、组装、上墙，那是一段忙得晕头转向却不敢有丝毫松懈的日子，让人永远无法忘怀。

教师队伍建设举步维艰。无论是班子成员还是一线教师，年轻，加之很多老师从乡下进入县城，工作上各种不适应。思想上的懈怠、工作上的应付是最大隐患。博客网上下载、教案全盘抄袭、总结连学校名称都不愿意改……所以，学校开始研究制定各项规章制度；一次次召开全体教师会，描绘幸福教育蓝图；个别谈话，批评教育……当时，很多教师都会在背地里抱怨，甚至后悔进入这样一所炼狱般的学校。不得不说，那个时候，我们的教育教学水平实在不敢恭维，课堂教学、班级管理、教育科研像一块白板，即使有些色彩也是轻描淡写的。常规听课、

学科培训、集体备课、教研活动，折腾了不知道多少轮。几乎每一次公开课、参赛课我都全程参与，甚至手把手传授经验，一句句示范，几遍下来，我都能把教学设计背得滚瓜烂熟。

学生习惯参差不齐，成绩不尽如人意。分流学生四面八方涌来，临时组成新的集体。行为习惯、意志品质、学习态度、学业成绩可想而知，班级建设、质量提升该存在多大的压力！除了政教处的习惯演练、行为规范起了至关重要的作用，还有老师们竭尽全力地奋斗才取得了优异的成绩。

问题学生的背后往往深藏着一批问题家长。刚到新校区就有人组织一众人等大闹学校，要求铲除塑胶操场；也有在教室里威胁老师、在校长室里拍桌子，最后闹到派出所才肯赔礼道歉的家长；还有诬告老师体罚学生的家长，直到真相大白，老师痛哭流涕；甚至有家长拿无中生有的事拨打市长热线告状，去纪检监察投诉，于是我们要一遍遍说明、解释、汇报，身心俱疲。

其实，很多时候还有一些不公平的待遇，不公正的评价，更让人难以接受。可是又能怎样？新建一所学校，就是要有一个过程，发展的过程，磨砺的过程，逐渐被人接纳的过程。如今，我们也终于走上发展正轨，能够迎接美好明天。

三十三、教师读书沙龙活动

◎苗雅梅

"杏花微雨 书韵流香"教师读书沙龙活动伴着冬日暖阳款款而来，整个下午的时光我们都在阅览室里度过。阳光和煦，温度适宜，在曼妙的音乐声里，各种绿叶红花摇曳生姿，水中浮游的茶瓣散发淡淡的香气。老师们精心装扮，穿上漂亮的衣衫，化好精致的妆容，围坐在一起畅谈读书的收获和感想，那种感觉真好！

刚安排老师们同读苏霍姆林斯基《给教师的建议》这本书的时候，很多人有一些迷茫和抗拒，况且因文化背景的差异这本书读起来确实会有些枯燥无味，很多老师认为学校多此一举。可是在任务驱动之下，大家阅读逐步深入，发现这本书像一件法宝，很多教育过程中遇到的困惑都能从此书中获得锦囊妙计：承认差异，因材施教；管理情绪，乐观向上；走向自然，乐于实践；赏识鼓励，快乐成长；心中有爱，教育根本；崇尚阅读，厚积薄发……于是，老师们开始用书中的教育思想指导自己的教育教学，尝试运用，举一反三，学会反思，提炼经验。一时间，苏霍姆林斯基成了老师们心中的偶像，《给教师的建议》时时陪伴在他们左右，老师们稍有空闲，便会手不释卷。

读书沙龙，就是让老师们坐下来轻轻松松地聊书，谈感悟，说见解。老师们将书中的内容和自己的实际工作相结合，将阅读所得用诗一般的语言进行表达，入耳入脑入心，加之朗诵、茶艺、手语舞蹈、三句

半、演唱等灵动活泼的表现形式，让活动异彩纷呈。

　　阅读是最美的姿态，它给予我们力量、智慧和美丽。所有读过的书都藏在我们的气质里，所有积淀的底蕴都映照在我们的谈吐中。与书相伴，是我们接近幸福、触摸幸福的最佳途径。

三十四、幸福的教育生活

（一）温情融积雪

◎赵炎

一场冰封了校园的大雪，却被老师和家长的暖心融化了。

自搬进新校区以来，校园里从未有过这么厚的积雪，早晨入校的孩子们时不时地摔跤，除雪是当务之急。于是拿铁锹铲的、拿小车运的、用扫帚扫的，老师们干得热火朝天。大家累得满头大汗，手攥不住拳头，鞋面湿透，手磨出泡，但都乐在其中。无奈积雪实在太厚，周一出太阳时雪下面又结了一层厚厚的冰，一上午的时间老师们清理出的面积还不到校园面积的三分之一。

苗校长提议下午每个班发动两名家长志愿者，于是我按校长的提议发了通知，发完通知后，整个中午我的心都是忐忑的，如果家长不来怎么办？然而一切都是我多虑了。原本预计的百名家长竟变成至少三百名，我瞬间感到一股暖流涌遍全身。开着车运来一堆扫除用具供大家用的、骑着三轮车往返运雪的、有工作却请假来帮忙的家长比比皆是，甚至有七十多岁的老大爷也加入了除雪队伍，真是人多力量大。家长们在谈笑风生中仅用了一个多小时便让校园恢复了往日的容貌。所有感谢的话语换来的都是"应该做的""你们也是为了我们孩子""这么大的校园

光靠你们老师哪弄得过来""上午就应该招呼我们来"……

幸福是什么，幸福就是冬天到处是皑皑白雪时，一抬眼，有一群人正朝你走来，带着笑容，带着温暖。

（二）饺子飘香

◎苗雅梅

昨天和雪打了一天交道，很多人今早说浑身酸痛，胳膊腿似乎不是自己的，且昨夜一夜难眠。或许是为了缓解大家的疲劳，福香园决定今天中午给大家改善伙食——包饺子。

间操刚结束，十几个老师就来到餐厅帮厨，大家分工协作，揪剂的、擀皮的、包饺子的。老师们一边干活，一边闲聊，一边比较各种不同形状饺子的美与丑，阵阵欢笑声在屋子里回荡，这大概是福香园开业以来厨房里最热闹的时刻！一个多小时的时间，1500多个饺子整整齐齐摆在十几个盖顶上，80多人份的饺子就这样包好了，让人不自觉地垂涎欲滴。

第一锅饺子出锅了，圆鼓鼓，胖乎乎，热气腾腾，那香味扑面而来。酱油、醋、辣椒油，调好小料。白菜馅香，酸菜馅爽，再配上白菜心粉丝、水煮花生米两道小菜，让人吃得心满意足。

喜欢这样的氛围！谈工作，我们团结一心，全力以赴，力争上游；过生活，我们充满热情，用心经营，绽放精彩！上得课堂，下得厨房，这就是幸福而完整的教育生活。

（三）劳动实践出真知

◎赵炎

今天带孩子们去塑料大棚劳动实践基地收秋，我们的孩子在参与校外活动时卫生、秩序方面向来让人很放心，谦让、大度、文明是他们的代名词，这次也不例外。孩子们进到大棚里很兴奋，虽然一如既往地五谷不分，但干起活来都很卖力，有我们六小人埋头苦干的作风。当然眉毛胡子一把抓也是孩子们的"拿手好戏"。装大萝卜很快就把塑料袋几乎用光了，而当得知要把萝卜缨子拧下来只留大萝卜时大家恍然大悟，终于有袋装别的菜了。上一次劳动实践，我们谁也没有带塑料袋，最后不得不放在小兜里、帽子里，孩子们可爱的模样也恰恰折射出他们的天真，朴实。

随着生活水平的提高，孩子们离劳动越来越远。国家重视劳动教育，并将其纳入孩子们的必修课真是高瞻远瞩的举措。在劳动中孩子们强健了体魄，亲近了自然，能够感受劳动人民的辛苦，懂得粮食的来之不易；在劳动课上孩子们在做中学，学中做，积极参与，动手实践，出力流汗，磨炼意志，有利于他们良好品质的养成。很庆幸在建校那年，苗校长力排众议，保住了学校看台北侧的一块试验田，为孩子们提供了参与劳动教育的场所。一届届的孩子们亲身体会到了劳动带来的快乐。春暖花开之时，我们将继续耕耘劳作，播撒幸福的种子，收获幸福的果实。

三十五、春天的小菜园

◎苗雅梅

　　春天是播种的季节。为了充分利用有限的资源，学校鼓励各教学楼顶层的老师，效仿学校的花姐，在办公室外的小阳台种点绿植，可以是花草，也可是蔬菜，即使种庄稼也可以，只要能种活。

　　于是，这几天校园里开始忙碌起来：各位老师发动各班孩子到处搜罗白色泡沫箱，用食品袋从家里带花土，总务处派专人运送肥料……而我一直很好奇，这阵势不小，架势也挺像样，那菜种得怎么样了？我趁着间操结束的空隙，到几个楼的小阳台转了转，眼前的景象却有点一言难尽。竞航楼和远航楼处于半竣工状态，泡沫箱摆上了，但没啥规矩；土装进去了，但还没来得及平整；有些箱子种上菜了，老师和孩子们可能正期待它能冒出绿芽……从整体上看，还无法和花姐的小菜园相提并论。但当我走到起航楼，让人眼前一亮，箱子摆放齐整，土质黝黑，一看就掺好了肥料，菜籽已经播撒过了，水浇得均匀有分寸，湿而不涝，就连地面都清扫得干干净净，赏心悦目。一抬头，撞见两张陌生而憨厚的面孔，原来是我们的老师请来帮忙的父母。

　　人们常说：术业有专攻。的确是这样，也许在老师的眼里，种菜比上课要难得多：什么土质好？菜籽种多深？浇多少水合适？喜阴还是喜阳？怎么进行修权掐尖？……或许还有很多这样的难题困扰着大家，让人一筹莫展。可是为什么学校还要让大家种点什么呢？其实道理很简

单，我们天天教育孩子要全面发展，国家如今也特别重视劳动教育，中年级的孩子已经在树的中间种植草药，在植物园里栽花种菜，作为老师，我们总不能"四体不勤，五谷不分"吧。还有一点，这个时代，每个人的工作压力都很大，我们得想点策略缓解一下。工作劳累时舒展舒展筋骨，侍弄点小菜，这样，精神颓丧时走进阳台，吹吹风，晒晒太阳，满眼都是绿色，不正是缓解压力的好方法吗？也许过上几年，我们中间还能出几个营务菜园的好手呢！

三十六、有爱无惧风雪

◎苗雅梅

　　周末，迎来了今年的第一场雪——暴雪！也是丰宁六小建校以来遇到的最大的一场雪！

　　早晨到校，老师们就开始了校园积雪的清扫。一拨人上课，一拨人扫雪，大家如走马灯似的轮换。整个上午，所有办公室空无一人，大家顾不上喝水，顾不上取暖，甚至连上趟厕所都觉得耽误时间。那积雪也着实难扫，篮球场附近的雪没过脚踝，两个校门口全是雪，底下是冻得严严实实的冰，扫帚扫不动，铁锹砍不动，费了九牛二虎之力才清出巴掌大的地方。干了整整一个上午，很多老师午饭时连拿筷子的手都在发抖，可偌大的校园，只有三分之一的砖地露出模样。万般无奈之下，我们准备发动家长志愿者前来支援，每班2人。有了这100人，一个下午时间应该能完工。

　　下午1点50分，当广播里传来嘹亮的歌声时，校门口出现了令人感动的一幕，家长们扛着锹，拎着扫帚，开着三轮车，浩浩荡荡地进入校园，偌大的操场立刻沸腾起来。大家分工协作：扫的，铲的，凿冰的，装车的，搬运的……寒风刮起的雪花打在脸上，凉飕飕的，可是大家没有任何怨言，干得热火朝天。在我们表达真诚感谢的时候，几位家长嗔怪我说："校长，早上就说一声让大家来多好，老师们又上课又扫雪，这么大学校哪弄得过来！"旁边一位家长接着说："下回再下雪，咱们别

等学校张嘴了，主动来就对了！"旁边传来一阵爽朗的笑声！一位老大爷也加入扫雪大军中，"我岁数不大，才七十多岁，中午群里让报名，报啥名呀，我就直接来了。"说得人心里暖融融的。还有一位家长，担心工具不够，自己用三轮车拉了好多工具……一个多小时的时间，我们的大操场以及每个积雪的角落焕然一新，孩子们又可以尽情玩耍嬉戏了。有些叫不上名字的家长们，甚至不知道是哪个班哪个孩子的家长，为了孩子的安全，就这样无私地支持学校的工作，让这个冬日的午后洋溢着春天般的温暖。

其实，我们知道，每一位家长都有自己的工作，都很忙碌，所以不到万不得已，我们绝不会辛苦各位家长。但是，当学校真的有困难的时候，有这么多家长挺身而出，有的甚至放下自己的工作，真的让我们特别感动。我们也会铭记这份帮助和支持，用更多的付出努力培养好每一个孩子，让孩子在家校携手中幸福成长！

再次真诚地感谢各位家长！这个冬天，我们将不惧风雪！因为，我们的身后，有一群可亲可敬的家长朋友！

三十七、诗歌传情

（一）青春扮靓教坛，美丽绽放校园——记三八女神节

◎吕丽华

三月之初料峭春寒，六小女神扮靓校园。

鼓舞开场春意盎然，多姿多彩人生灿烂。

居家做饭围裙相伴，海边度假席地幕天！

教师风情摇曳多姿，不负春光任重道远。

幽默风趣队列表演，犹抱琵琶还半遮面。

夕阳红里闲适生活，时光穿梭幸福晚年。

女人和诗如花似梦，春花秋月歌舞相伴。

走过一年星霜荏苒，回忆之中泪光闪闪。

上课传道授业一天，谆谆教导不知疲倦。

中国梦里朗诵诗篇，星光洒满所有童年。

故事红歌忆苦思甜，一点爱意刮目相看。

手语无声干劲满满，家校沟通花好月圆。

岁岁年年深情未减，未来值得期待人间！

（二）开学典礼篇

◎吕丽华

开学典礼书写华章，耳目一新余音绕梁。
天公作美碧空艳阳，新的学年放飞希望。
全体师生集结操场，服装整齐沉稳端庄。
五星红旗迎风飘扬，庄严宣誓心怀梦想。
轮滑小将帅气登场，勇于挑战坚韧顽强。
火炬传递传承文明，火种点燃指明方向。
校长寄托殷切期望，奋勇争先实现理想。
离别号角已经吹响，前进脚步势不可挡。
奋楫笃行榜样力量，付出辛苦赢来荣光。
共赴未来歌声嘹亮，一起向前幸福远航。

（三）祖国的花朵

◎邓世闻

像小草长出嫩芽，
像蓓蕾就要开花，
像幼苗刚刚扎根，
像小鸟未脱尽黄丫。
像喷薄欲出的朝阳，
像正月初三的月牙，
像尚未出山的细泉，
像牛犊依偎着妈妈。
怯生生地走进幼儿园，
变成一朵朵小花，
唱歌跳舞，做游戏，

用彩笔在纸上随心作画。

背着书包走进学校，

希望的种子在这里播下，

胸前飘起鲜艳的红领巾，

快乐成长在阳光下。

少年，是人生最美好的年华，

无忧无虑，是快乐的萌娃，

朦胧中充满新奇，

盼望着自己快快长大。

好好学习，天天向上，

理想的道路铺在脚下

儿童是未来的主人，

他们优秀，祖国才会更强大。

六一儿童节，祝孩子们幸福！快乐！

（四）与书为伍，守望幸福——记教师读书沙龙活动

◎吕丽华

问渠哪得清如许，

为有源头活水来。

工作上有晴天有迷雾，

读书让我们拨云见日走出歧途。

《给教师的建议》大有益处，

我们来浅谈读书的感悟！

这本书通俗易懂深入浅出，

获取知识首先要学会阅读。

真正达到理解的地步！

每天清晨，

学生手捧书卷，

读三国看水浒，

眼神是那么全神贯注！

信任是师生心灵的碰触，

评价学生不只是分数。

学困生更需要精心呵护！

当孩子第一天入学，

我们牵起孩子的手。

立下誓言：

请家长放心，学校有我，我们会把孩子视如己出。

为了那一声声亲切的"老师"这个称呼，

让我们把自己的一切甘愿付出！

平等善意与学生相处，

尊重赏识发扬民主。

从清晨到日暮，

教室里，操场上，

我们日复一日循环反复，

平凡的日子中真情永驻！

兴趣是最好的老师，

和谐教育发现人内心财富。

以生为本让孩子特长得到满足！

百花齐放的校本课程，

与国家、地方课程相得益彰。

踢足球，学跳舞，

个性张扬为了理想不怕苦！

德智体美全面发展，

是素质教育的必经之路。

创新能力精神世界一样丰富！

"幸福办教育，教育伴幸福"，是我校办学的一贯追求。

每个孩子的身心健康，

都让领导老师们牵肠挂肚！

读书让我们品味出：

苏霍姆林斯基的教育艺术，

在我校早已潜移默化根深蒂固！

书山有路勤为径，

学海无涯苦作舟。

四季有轮回，

读书无止境。

在六小我们一路同行，

与书为伍，我们一起守望幸福！

日子从指尖匆匆划过，可爱的孩子们如雨后春笋般拔节生长。每一个看似平凡的日子，都发生着不同的故事，或悲，或欢，或喜，或忧。身为人师的我们常常扪心自问：课堂上，你是否让孩子成为真正的主人？生活中，你是否把孩子的心灵抚慰？离别时，孩子是否因为留恋而眼含泪水？往日犹可追，未来更可期。反思中成长，会遇见最美的自己。

（吕丽华）

三省三思

一、教育的价值

◎苗雅梅

学生入校结束，我刚刚坐在办公桌前准备撰写期初检查汇报材料，忽然听到窗外传来撕心裂肺的哭声。透过窗户一看，一个女孩正站在交门口扭动着身子大哭，旁边的班主任在与她交流，但效果似乎一般。

每年开学，一年级新生都会有这种情况发生。于是，我快步下楼，和班主任一同做工作。越往前走，就听见哭声越响亮，还掺杂着声嘶力竭的叫喊："我要妈妈！妈妈救我！"一只胖乎乎的小手使劲抓着大门上的栏杆，同时伸出一只手向远方召唤。老师一直在耐心地和她交流，我也和老师一起哄她：想不想做好孩子？你还想得到小贴纸吗？你一个人站在这，小狗会咬你的！和小朋友一起玩多好呀！过会就给妈妈打电话行吗？……

"哇！哇……我要妈妈！妈妈救我！"好话说了一箩筐，这丫头丝毫不为所动，依旧哭得撕心裂肺。无奈之下，我只好强行抱起她把她送进教室。但好在孩子进入班级后，很快被老师和同学的热情所感染，情绪平复了下来。

回到办公室，我内心仍然波澜起伏。从幼儿园升入小学，孩子或许会有很多不适应，规矩多了，任务重了，压力有了，大多数小朋友都能适应，很快融入小学生活。但每年总有那么几个孩子不合拍。他们大都有同样的表现：哭闹、撒泼，在校门口和老师家长纠缠不清……孩子的

内心我们可以理解，但这时更需要家校配合，帮助不适应的孩子纾解情绪，缓解压力。

　　孩子性格中表现出的一些缺陷有时看似是小毛病，但它却能一定程度上折射出家庭教育的弊端，对孩子今后的人生产生大影响。所以，家庭教育对于孩子的成长至关重要。作为教师，我们是教育方面的专业人士，所以有责任帮助家长走出教育误区，引导他们掌握科学的家庭教育方法，让孩子在温馨和谐的环境中健康成长，同时还要帮助家长时常修枝打杈，让小树苗壮成长。也许我们一生都教不出伟大的科学家、艺术家，但我们可以教导出无数个乖巧懂事、正直善良的孩子，让他们在这个社会上平凡地工作，幸福地生活，做普普通通的人，为社会添砖加瓦，这应该也是教育的价值之一。

二、育树与育人

◎苗雅梅

在校园绿化中，有一处很抢眼的景观：它地处学校最中心的位置，不管从西门还是南门进入，第一眼看到的一定是它，这就是我们的"槐香满园"。

初见它时，周围有一圈木制的圆廊，古香古色，中间是一大片绿地，散落着几棵白皮松、侧柏……看上去杂乱无章。于是学校决定对其进行改造，选了一棵高大挺拔的槐树植于中央。但因移植时间欠佳，长势并不旺盛。随后学校在其周围设计了双层花环，但显得粗糙荒凉，毫无美感。几经周折，学校最终下定决心聘请专业设计团队进行设计，请专业人员施工、专业绿化人员进行现场布置，终于让其变成了现在品类齐全、花色多样的小型植物园，老师们口中的"网红打卡地"。

通过对槐香满园的系列改造，我突然想到了我们的管理。大到学校、各部门，小到学科室、班级，如果缺少高瞻远瞩的整体规划，可能会走很多弯路，出现各和各样的纰漏，最后导致事倍功半，或是功亏一篑。作为管理者，我想首先应该学会顶层设计，对自己主管的工作有明确的目标，清晰的奋斗方向，所有工作都围绕这个核心去开展，例如制定切实可行的部门计划、学科室计划、班级发展规划等。其次，要学会总揽全局，关注全体。站在全局的角度看问题，把任务一一分解，按照轻重缓急合理安排，调动周边所有可以动用的力量，分工协作，各尽其

能，高质量完成每一项工作。不过度关注细枝末节，不过分强调个体而忽略全员，避免丢了西瓜捡芝麻。再次，要善于动脑，用心筹划。思想是行动的先导，所有工作都要经过周密思考想全面：哪些事在我的工作范畴？是否还有什么疏漏？怎样做能让工作更有实效？为什么要这样做？是否还有更好的方案？常规工作的创新点在哪？勤动脑、善思考，才能把工作做得扎实有效、富有新意。最后，工作严谨，精益求精。细节决定成败，要养成严肃认真的工作态度，全面思考，严谨落实，细心检查，不出现低级错误，这是作为管理者最基本的素养。

树木和树人有着异曲同工之妙。我们既要做好校园景观的园丁，更要成为祖国花朵的培育者。作为管理者，我们任重而道远。

三、在希望的田野上

◎苗雅梅

　　进入五月，天气渐渐变得温润起来，校园里草儿绿了，各种花儿次第开放，五彩缤纷，引来飞舞的蜜蜂流连其间，嗡嗡嘤嘤。喜鹊和一些不知名的小鸟也在树丛间蹦来跳去，叽叽喳喳。一时间，校园里变得热闹非凡！

　　清晨，空气新鲜，操场上少了孩子们奔跑的身影和嘈杂的喧闹，显得格外宽敞。看不清到底是谁，一身运动衣、一顶遮阳帽，正在绿草坪上慢跑，步履矫健，身姿轻盈。还有个小伙子，正操纵着滑板，风驰电掣般环绕着校园滑行。第二节课，楼内传来激昂的音乐声，有乐器的合奏，架子鼓、电子琴、吉他，以及一些无法辨别的乐器，还有高亢的女声独唱，让人躁动起来。下午，阳光火辣辣地照射下来，就连空气里都挟裹着热烘烘的味道，可是校园里依旧人声鼎沸。低年级的孩子正在老师的带领下参观学校的花花草草。他们一边走一边感叹，小嘴巴不停地"哇！哇！"，小眼睛里放着光。到了丁香花盛开的地方，孩子们排好队伍，摆出剪刀手，老师开始给美美的他们拍照了。篮球场上几个高年级的同学正在热火朝天地打篮球，小脸晒得油津津的，头发上的汗珠在阳光下闪闪发光。操场上，有的班级在卖力地训练，为会操比赛做准备；有几个社团的孩子正在老师的带领下跟着红遍全网的旋律锻炼身体，那手忙脚乱的样子让人忍俊不禁。

我想：这是五月的景致，校园的风采，青春的模样！校园里充满青春的朝气和昂扬向上的力量，任何艰难坎坷都无法阻挡。

　　年轻真好！阳光的心态，真好！

四、一个生命都应充满朝气

◎苗雅梅

天气忽然好转！天空湛蓝，没有一丝云，晴朗得那么纯粹，真想在这秋高气爽的日子里张开双臂，仰起脸颊，大口大口地呼吸这清新的空气。阳光明媚，照在人身上暖暖的。孩子们脱去厚厚的外套，在校园里追逐嬉戏，头上细密的汗珠里闪耀着童年的欢乐。

小小少年，怎能辜负这秋日的大好时光？这不，丰宁六小第三届校园足球联赛今日开赛了！简短的讲话，激励孩子们热爱运动，磨砺他们的意志；为运动员代表佩戴标志，羡煞一群跃跃欲试的小伙子；随着一脚笨拙的开球，足球联赛终于开始了！

真希望未来的日子，孩子们能够因为一份热爱，每天在绿茵场上奔跑追逐，挥汗如雨；能够为了一个传球、一次进攻而不惜跌倒摔跤、咬牙坚持；能够为了集体的荣誉、个人的成功而努力拼搏、团结协作；能够在一次次锤炼中领会足球运动的魅力，让梦想从此萌发，伴着小小足球快乐转动。

教育的本质是什么？不是为了考大学，找工作，更不是为了次次考高分，得到老师的表扬。苏霍姆林斯基曾说过："在教学大纲和教科书中，规定了给予学生的各种知识，但没有给予学生最宝贵的东西，这就是——幸福。理想的教育是：培养真正的人，让每一个自己培养出来的人都能幸福地度过一生，这就是教育应该追求的恒久性、终极性价值。"

人若要幸福，需要适应社会，需要有应对生活的各种本领，还要有发自内心的追求和爱好……而这一切都来自于学生时代的全面发展，德、智、体、美、劳缺一不可，核心素养必须落实。在我看来，强健的体魄是幸福人生的基本保障。所以，我们要想方设法，引领学生热爱运动；鼓励学生课间自由运动，做有益运动；上好体育课、抓好运动队，让学生掌握运动技巧；开展丰富多彩的校园活动，让孩子们动起来，生龙活虎。

　　校园是生命成长的沃土，每一个生命都应充满朝气，每一个少年都要英姿勃发！动起来，跑起来，不做懦弱的小绵羊，做一只时刻准备振翅翱翔的雏鹰！

五、珍惜当下，努力学习

◎刘腾凤

两天的听课活动，今天终于以《小猪变形记》的阅读指导课完美结束。

今天也是孩子们表现得最好的一天，他们坐得端端正正，十几双小眼睛齐刷刷地盯着讲台，时而凝思，时而神采飞扬，时而低头微笑，完全沉浸在绘本故事里，忘却了后面还有好多听课老师，一改往日的胆怯。教室里不时传来同学们叽叽喳喳的讨论声和老师的讲课声，好似一支和谐的合奏乐曲。老师讲课的声音时高时低，仿佛山间的清泉缓缓流入同学的心田。多轻松愉快的一堂课。让人享受的同时也不禁感慨，六小的孩子是真幸福啊！不仅每周都有一节课能畅游书海，而且还有宽敞舒适的读书环境。家长也尽力为孩子创造更好的条件，让他们回家后还能看自己喜爱的图书。所以大家更应怀有一颗感恩的心，珍惜当下，努力学习。

今天我又学到一招，如何拉近与孩子间的距离——多和孩子进行非教育目的的聊天。

此前只有孩子出现问题的时候，比如：上课不专心听讲、不遵守纪律、思想情绪出现异常的时候，我才会和孩子谈心。工作中，我也总会觉得自己没有时间和他们随意聊天。

但今天听了李镇西老师的讲座，感触颇深。所谓的谈心，并不一定都充满"教育性"。有时候，应该是更多的时候，我们可以很随意地和学生谈心。当然这种随意的谈心叫聊天更合适些。这种没有教育目的的聊天，更能走进孩子的内心，能更好地知道孩子们的想法，也能更有效地拉近师生间的距离，培养师生的信任感。学生信任老师，有强烈的归属感，自然而然班级凝聚力也增强了。

苏霍姆林斯基的《给教师的一百条建议》中写道：对于最好的教育来说，教育目的应该尽可能隐蔽起来。非教育目的的聊天让孩子放下戒备，展现真实的自己，这不正是我们想要的吗？把自己的教育意图隐蔽起来，这一教育艺术将是我日后的必修课。

六、少年若天性，习惯成自然

◎李岩雪

今天看了这样一篇文摘，名字叫《别在该打针的年龄，给孩子"吃糖"》。文章里列举了很多由于父母没有好好管教孩子而导致的悲剧。而这些事情让我明白了，"好好管教"是一件多么重要的事情。文章里提到了《管教的勇气》中的一句话："教养孩子最幸运的事情就是，小时给他'扎针'，长大给他翅膀！最怕小时候没有管教，长大以后翅膀硬了，想管却管不住。"

管教孩子也是一个循序渐进的过程，一定要从小开始，让他懂道理、明是非。儿童心理学家李玫瑾曾经说过："6岁以前，父母的话是黄金。"所以说要想教育好自己的孩子，一定要在抓住关键期，在孩子还能听进你说话的年龄段进行。如果说教无用，甚至可以实施惩罚。因为爱从来不是放纵，适当的管教才能养育出懂规矩有未来的孩子。适度严管，小时候舍得"扎针"，长大以后孩子才能"吃糖"。

孔子曾说过："少年若天性，习惯成自然。"可见好的学习习惯对于孩子学习的重要性，如果孩子有一个好的学习习惯，能够主动地去学习，不用老师和家长催促，愿意主动获取知识，有求知欲，那他必将会成为一个优秀的孩子。但是好的学习习惯该如何养成呢？我认为首先应该让孩子学会尊重，尊重父母，尊重老师，做一个有礼貌懂事的孩子；其次是让孩子学会听课，譬如坐姿端正，用心听课，有感情地朗读，勇

敢大声地回答问题等；最后就是课后的任务要及时且保质保量地完成，不将就，不应付。如果孩子能做到这几点，我想他已经有了一个好的学习习惯，也一定会尝到成功的果实！

七、教学管理能力提升的重要性

◎王磊

　　从开学第一天开始，每一天我都过得忙碌而充实。从网课算起到现在已经三周了，我也在逐步适应四年级的教学方式。这几天一直让整个四年级英语组老师困惑的问题就是孩子单词背诵能力很差的现状。我们几个英语组老师都在思考这个问题，也会在课间休息时讨论听写单词的问题，哪些单词孩子写不出来，哪些特别容易写错，还有对于每天都有一大堆孩子单词听写错误的情况，该怎么办，如何让孩子们快速适应听写？

　　单词学习是一项需要长期坚持的工作。所以一是要天天滚动式复习。每天不宜记背过多单词但要天天坚持，也要和家长多沟通给孩子建立信心，抽时间多考考孩子。二是要当天错词当天记背好，老师要利用好碎片时间。三是教给孩子一些单词记忆技巧，比如自然拼读式或者谐音式等。总之好的正确的方法，对孩子记忆单词、提高能力是很有帮助的。

　　网课结束后，今天我正式走入课堂。我面前的这群豆豆们还未长开。我大脑飞速运转对他们做了好几种预判。上课第一项任务就是听写昨天要求背诵的五个单词。我告诉孩子们拿出听写纸准备听写，过程中我发现有的孩子找不到纸，有的没笔，还有的孩子半天不动弹，不知道要干啥。在我又一次的提醒和等待中，他们才正式进入单词听写环节。

当孩子们写单词时，我在巡视中观察到有的孩子能听懂我的指令，书写工整认真，有的孩子却截然相反——一个都写不上来或者根本不知道要干什么。孩子们写完单词后我让他们与同桌互判，又是一团乱，因为三年级几乎没有听写过单词，也不知道如何互判。在我的指导下，大家单词判完后，我发现全班只有 17 个孩子全部正确。这时我认识到，孩子刚上四年级也许对有些学习习惯和学习方法需要有一个短暂的适应过程，我需要调整以前教高年级的教学管理思路。在课堂中慢慢培养孩子们新的习惯：比如如何倾听老师、如何完成作业、如何背诵单词、如何在学习中互帮互助……刚好教学管理能力提升是今年学校的研究主题，我迫切地感受到教学管理能力提升的重要性。我需要认真地学起来。

八、我们在路上

◎苗雅梅

徒弟汇报课接近尾声。每听一节课，我都真切地感受到年轻教师的成长，这种感觉真好！

首先，从备课来看，教研读教材到位，能够准确定位目标，突出重难点，教学设计层层深入，有些学科的老师敢于挑战复习课的内容，且越改越深入。其次，从课堂把控来看，教师能够更多地关注学生，放手让学生探索、体验，经历学习的整个过程，学生的主体地位充分体现。疑难处的点拨，关键点的强调，教师的引领作用得以真正发挥。同时，教师能够较好地关注全体，调动课堂氛围，学生状态积极，思维活跃，教学目标也能够得到有效落实。

参加本次汇报课的老师都是年轻教师，之所以需要拜师学艺，或是因为经验不足，或是因为水平尚浅，或是因为成绩不佳……但在本次活动中，大家都有了长足的进步和发展，甚至有些课让人眼前一亮。我想这得益于几个方面：一要感谢遇到了好师父。除了日常的帮助外，本次活动，师父帮着一起备课、磨课、做课件、做课堂示范，甚至还要做课前心理辅导，为徒弟鼓劲加油。徒弟赛课，师父聚精会神地听，那状态比自己上场还紧张，这份责任和关爱是徒弟进步的催化剂。二要感谢努力的自己。常言道：师父领进门，修行在个人。课堂上的胸有成竹一定来自课前的充分准备，认真思考，虚心求教，不断调整。正因为挥洒了

汗水，付出了心血，才会有质的飞跃和蜕变。也许这个过程很辛苦，但成长的过程不就是这样吗？蝴蝶的翩翩起舞伴随着的是毛虫破茧时的苦痛，美丽的彩虹只有经历狂风暴雨才得以高悬天空。对自己要求严一点，期望高一点，你会发现一个不一样的自己。三要感谢携手奋进的团队。日常的集体备课，大家集思广益；赛课周活动，大家群策群力；每一次教研活动，大家积极参与。正是在这种集体活动的磨合中，老师们亲如一家，互帮互助，形成了团结奋进的优秀团队。团队中的每一个人，既是付出者，也是受益者。

生命是美丽的！而教师的生命价值更多地绽放在课堂上。看着课堂上更加自信成熟的你们，我仿佛听到了生命的拔节，花开的声音！

九、十年树木，百年树人

◎苗雅梅

槐香园里的大树终于长出了绿叶！虽然枝叶不够茂密，东面那条最大的枝干上方还是光秃秃的枯枝，但那仅有的几簇绿色仍然带给人了希望和喜悦——它活了！

这株大树原本生活在白塔村的马路边上，挺拔俊秀，枝繁叶茂，圆圆的树冠下遮住一大片阴凉，在众多树木中显得风姿绰约，所以一下子就得到了人们的青睐。四年前的春天，费了好一番周折，它才移居到了我们校园最显眼的地方——槐香园。自此，园林工人像对待孩子一样精心培育它，固定浇水、施肥、输液、喷药……生怕出现一点闪失。每到春季，好多人都会忐忑不安地在它周围徘徊，仰起头来张望，希望早日看到一丝柔软和绿意。可是，每个春天，它都要来得慢一些，晚一些，那绿色显得孤单、孱弱，失去了马路边上那俊朗身姿的风采。

如果每一个生命都有灵魂的话，这棵大树的经历给它带来了什么？马路边生长了十几年甚至几十年，庞大的根须已经深深扎根于泥土之中，在隆隆的机器声中被坚硬的铁家伙连根拔起，生拉硬拽，剧烈的疼痛与极度的恐惧侵袭着它的心灵。然后，离开朝夕相处的伙伴，来到一个陌生的地方，孑身一人，再没有手臂间的触碰，再没有风中的谈笑与欢娱。泥土、水分、阳光都变了样，失去了原有的味道。它的根很难在这陌生的土地上重新扎下去且蓬勃有力，于是，那根一天天地萎缩，那

枝干也随之变得干枯，它拼了全力也只能惨淡地活着，孤苦伶仃。

　　十年树木，百年树人。由这棵大树的经历，不禁想到了我们的教育，其实，教育的过程就像是扎根的过程。孩子们十几年的时间生活在校园里，学校始终把立德树人作为根本，从娃娃抓起，让他们树立远大理想，养成良好习惯，扎实基础，增强能力，一天天培养，一点点积淀，为国家输送栋梁之材。如果从小基础没打好，譬如理想信念的模糊，思想教育的缺失，健康心理的疏忽，高雅兴趣的轻视……这些可能会毁掉孩子的一生，让他们失去本该精彩的人生。所以，作为教师，尤其是一名小学教师，我们肩负着沉甸甸的责任。我们要把一株株幼苗扶正、栽好，然后帮助它深深地扎进泥土，让自己的根强壮有力。无论狂风肆虐，还是暴雨倾盆，它都能稳稳地站立，顽强地对抗风雨。只有这样，未来的他们才能不负青春，不负时代，不负祖国和人民。

十、幸福而完整的教育生活

◎苗雅梅

朱永新老师新教育实验的核心理念是：过一种幸福完整的教育生活。实验中所推行的十大行动分别为"营造书香校园""师生共写随笔""聆听窗外声音""培养卓越口才""构筑理想课堂""建设数码社区""推进每月一事""打造完美教室""研发卓越课程""家校合作共育"。这项实验已在全国各地多所学校落地生根，且成效显著。

今天，我并不想去探讨朱老师的教育改革，而是想借用他的核心理念"过一种幸福完整的教育生活"，谈一谈我对教师生活的感悟。我理想中的教师生活也应该是幸福而完整的，它包括日常工作：如爱岗敬业，每天满怀激情走进课堂，传道授业解惑；如个人的专业成长，集体备课、学科室教研、赛课活动、百字练笔、三笔字练习等；如班级和教学管理，班级文化建设、日常管理、习惯培养、活动策划、矛盾排解等；如各类琐碎的事务性工作，填报表格、社区值班等。当工作成为一个教师全部生活的时候，也许会有职业的幸福感和成就感，但久而久之一定是单调、乏味、疲累的。所以，教师的生活应该是幸福完整、精彩纷呈的。首先，我们要经营好自己的家庭：夫妻和睦，上敬老，下抚幼，一团和气；其次，培养自己的兴趣爱好：读书、运动、旅游，或是学学化妆、服装搭配，让自己变得形象靓、气质佳，或是学学厨艺、插花，一束鲜花，三两个小菜，让生活处处充满新鲜感，还可以养个小宠物，闲来无事把它当孩子一样宠，和它倾诉你的无限爱意；再次，拓宽自己的生活圈子，打破学校家庭两点一线的生活轨迹，闲暇时逛逛街，约上三五好友品品咖啡、看场电影，或是喝顿小酒，增进感情，愉悦身心。

还记得我们学校的教师发展目标吗？"对教育充满激情，对学生充满真情，对生活充满温情。"我们要努力过一种幸福完整的生活，做品行高洁灵魂有趣的教师。

十一、教学随笔

◎郭志华

（一）

　　假期的脚步匆匆而过，我还没来得及细细整理，又踏上了新学期的征程。因为有了提前的准备，一切工作进行得井然有序。分离了四十多天的大宝们又一次齐聚一堂。教他们一年半，我们早已成为了一个大家庭。看着一张张熟悉的面孔，一双双期待的眼睛，我的内心竟有一种莫名的感动。

　　细数过往，一年多的时间，我们由过去的陌生到今天的互相信任，百般滋味，掺杂其中。还有半年的时间，我们即将再一次面临别离。所以，相聚的日子，我们也倍感珍惜。假期作业因为有了每天微信群里的检查督促，真的让我耳目一新。一张张整齐的思维导图，一页页整齐美观的汉字，让我看到了自己的努力没有白费，也看到了他们的成长和进步。所以，孩子们带给我更多的是欣喜和感动。

　　晚上回到家，忙忙碌碌，收拾妥当之后我坐在沙发上，捧起手机，认真看着群里一张张认真细致的练笔，每一篇都情真意切，激动欣喜溢满心头。家长温馨的话语，又让我内心倍感温暖："郭老师，谢谢您今天对杨松岩的帮助……"我这才想起午读的时候，那个孩子在自己的试

卷袋内翻来覆去寻找什么东西，以至于我看了他很多次，但他也没有拿出课外书。走到跟前一问才知道他的"假期致家长一封信"找不到了，因此满脸写着忧虑焦急。此时，他最希望的就是那张纸，奇迹般地出现在试卷袋里吧。我能够体会他内心的感受，因为我曾经也有过这样的经历。问清事情的缘由，我跑到办公室帮他打了一份，送到他的座位上，告诉他别急，填完后马上读书。这件事在我眼里其实并没有什么，但是孩子回家却和家长分享了自己内心最真切的感受。家长和我说了很多，我的内心也掠过一丝感动。其实每个人遇到困难的时候，都希望得到别人的帮助。这正是"赠人玫瑰，手有余香"吧。

其实，一年多的相处，我早已把他们当成了自己的孩子，期盼他们健康快乐，成熟坚强，更期盼着未来相处的日子里，他们能够一天比一天进步，抛却不必要的烦恼，专心投入学习。前方的路依然很漫长，不管结果如何我都会尽自己最大的努力，不负时光，不负韶华。

（二）

窗外狂风怒吼，屋内孩子们却热火朝天，到处是一片繁忙的景象，这是怎么回事呢？第三节课的时候，因为室外风大，六年四班体育课没法上，所以我就带着孩子们到隔离室帮助王老师整理学校新买回的绘本。整整四十多包，孩子们两人一组，有序地搬走一包包厚重的图书，然后拆掉外包装，细心地撕掉每一本书上的外衣——那是一层薄薄的塑料膜，最后整齐地摆放到四周。看得出孩子们的兴奋劲，因为他们脸上都洋溢着笑容——"这都是学校的图书吗？我们又有这么多图书可以看啦！……"短短四十分钟的时间，所有的图书被整齐地摆放在隔离室的四周。整个拆分的过程当中，所有的孩子都在努力认真地去完成，没有一个偷懒的。好几个孩子甚至几次自己拎起一大包又一大包的书籍转身就走，要知道我这个大人拿一包书都费劲。我再三提醒他们："书很重，大家分组合作，注意脚下，别摔了。"孩子们一边小心翼翼，一边马不

停蹄。尽管我叫不上他们的名字，但我还是忍不住拍下了他们匆忙整理图书的样子。小胖子广新干脆一屁股坐在地上，郑重其事地整理图书。一包整理完了，便飞也似的再去拿一包。我生怕塑料绳子割到同学们的手，不断叮嘱他们小心点儿。可他们满不在乎地告诉我："没事儿，放心吧。"

一层塑料皮虽然很薄，但是包在书上不容易拆下。孩子们八仙过海，各想奇招：有的用剪刀轻轻划开，有的用手抠开，有的干脆用捆书的塑料片做帮手，甚至还有孩子用牙去咬开……放眼望去，站着的、坐着的、蹲着的，那场面真像一场劳动竞赛。此刻他们更像一群勤劳的小蚂蚁，来来回回，忙忙碌碌，拼尽全力，一刻都没有停歇。一节课时间所有的任务圆满完成。当我向他们表示感谢的时候，他们笑着说："没事，下次有活还找我们班。"

多可爱的孩子，多赤诚的童心呀！没有人喊累，没有人偷懒，路队行走整齐有序，整理图书忙而不乱，我内心不由得感叹：六小的孩子，真好！遇见你们，真好！

（三）

一直以来，我们都把注意力放在学习上有困难的那些孩子身上，每天花费大量时间督促他们读课文、背课文、写好生字词、抓牢基础知识，却忽略了班里那些优等生。在他们眼里，好像只有那些学习成绩差的孩子才能得到老师的关心。总有那么一群孩子，学习态度认真，每次作业都能够按时完成，清楚工整，字体还很美观。那些成绩差的孩子稍稍有进步，老师就会给他们很多表扬。这部分孩子欣喜的同时，其实还有一部分优秀的孩子感觉自己被忽略。因此作为老师，我们要学会观察每一个孩子的情绪变化。

今天的语文课堂，我把焦点放在了平时态度特别认真的孩子身上。让假期留作业每天认真上传的孩子先谈起，几位组长及时指出组内成员的错误，并及时叮嘱改正，这些孩子不仅自己刻苦努力，还能够乐于帮助他人，这正是在班内鼓励能起到积极作用的正能量。于是，我用了十分钟的时间，表扬了这些一直积极肯干的同学，并且为他们颁发了语文学习能手的奖状。他们脸上露出的笑容，像极了可爱的娃娃，哪像个六年级的孩子呀！没有得到奖状的同学满脸羡慕。我叮嘱他们，学习不是一朝一夕的事儿，就像爬山，当你停下脚步的时候，后面有无数的人会超过你。所以我们要做的就是脚踏实地，正所谓不积跬步，无以至千里，不积小流，无以成江海。你今天的每一次付出，都是成功路上坚实的一步，相信你们将来一定会更出色。同时我也鼓励没有得到奖状的孩子，只要努力，老师一定会看在眼里。接下来的课堂安静有序，孩子们回答问题也特别积极。

由此看出，每一个孩子都需要被肯定、被认可、被鼓励！

（四）

春天早已到来，可是气温依然很低。早上骑电动车来到学校，手冻得冰凉。从车棚出来，我正走在去往教室的路上，眼睛不经意瞥到了花坛里的一抹绿意。春雪过后，花坛里竟然冒出了许多绿绿的小草芽，让这个寒冷的季节生出了几分希望和生机。我忍不住俯下身来，细细端详起这几个嫩绿的小草芽。瑟瑟寒风中他们坚强地挺立，用自己的身躯向这个世界宣告：春天来了。他们勇敢地走向这个世界。等待他们的有寒冷，也有阳光。可他们一点也不惧怕，顽强生长。顷刻间，我的内心被一股暖流包围着，抬起头快步走进教室。看着孩子们早已坐在那里，捧着书开始读了起来，有一部分孩子正在忙着做数学的小条儿，再低头看看我最关注的那几个娃儿，正埋头计算。我想：春天应该种在每个人的心里吧。

今天有四个同学课文背诵没过关。看着他们站在办公室里愁眉苦脸的样子，半天好像也没有什么头绪，我想一定是他们的方法不对。于

是，我把他们叫到跟前，领着他们一句一句地读，一句一句地分析。哪些词容易背错给他们逐句订正，而后，每个人用了不到十分钟，便流利地背了一段话。给他们做完辅导之后我又静下心来认真想想，他们并不是不会，只是方法不对。于是我询问了他们的学习习惯，作业习惯。小宇告诉我："我每天回家都先做数学，先把最难的完成了，然后再做简单的。"我说："我也有一个习惯，我总喜欢把简单的先完成，那样我就特别有成就感。十分钟，我完成了语文作业，十分钟我完成了英语作业，两座大山被我铲除了，哈哈，就剩下一个，我还怕你吗？这种心理上的满足会令我产生愉悦感。"孩子们听了我的话，受到很大的启发，说回去也要试试改变以往的习惯。其实我知道，他们心里被好几座大山压得喘不过气，差得越多，越手足无措，不知道该干什么了，甚至慢慢地就想放弃了。这个时候，他们需要的是心理上的鼓励和疏导，找到正确的方法，从而达到事半功倍的效果。期待今天我的方法在他们身上会起到作用，下周期待看到他们更大的进步吧。做老师的，还有什么比这更欣慰的事呢？愿孩子们做春日里坚强的小草，绽放属于自己的美丽！

（五）

时间过得真快，转眼间，新的一周又开始了。越是年纪大了，才越能深刻地理解朱自清笔下的《匆匆》。时间如白驹过隙一般，悄无声息，无影无踪。不知不觉，皱纹已悄悄爬上了额头，头顶也生出丝丝白发，一切都无声无息。忙碌了一天，细细想一想，好像也没有多大的事，但是一刻也没有停歇。明天下午有语文教研活动，我备课时发现在未来老师App上，有很多关于单元整体教学的视频，看起来特别棒。但是要想把这些视频下载下来，我却弄了两个多小时也没有弄好。为了让大家能够看到上面的视频，我又想起了用屏幕录制的方法。可是录完了又无法往微信上转传，于是想导到电脑上吧，把数据线连接好后，按照手机的指示操作，还是遇到了一个又一个障碍，当我把都弄出来已经一个多小时过去了。低头一看，博客还没有写，快速打开语音输入，匆忙完成。真希望时间能慢下来，再慢下来……

（六）

放学的铃声响起，孩子们三三两两走出教室。放眼望去，教室里还是乌压压一片，有忙着写单词的，忙着改数学题的，还有忙着背课文的。我们三个则在班里各自占了一脚阵地，围成一个大三角形，颇有不达目的决不罢休的阵势。紧张、忙碌已经成了六年级老师和孩子们的常态。学生们仿佛也已经习惯了这种学习模式，安静地坐在座位上，或三三两两地讨论，或专心致志地背诵、默写。值日生在旁边见缝插针打扫卫生，各负其责。有的孩子只差一科的任务没有完成，所以很快便结束了战斗，还有一部分孩子真是科科欠债，科科发愁。好不容易改完了数学题，回头发现语文背诵还没有完成，好不容易背会了一段文字，发现英语作业还在等待自己完成……步入六年级，孩子们的脚步变得更加匆匆了，只是孩子的能力还需要一点儿一点儿地去提升。对于那些学习有困难的孩子，我们变着法儿地去鼓励，可偏偏有些孩子不能理解老师的用心，几番较量下来，孩子们还是乖乖地完成了自己的任务。孩子的补习让在外等候的家长吃苦了，这些家长只能在瑟瑟寒风中翘首企盼。家长群里不时传来一两声询问，简单的沟通过后，一切似乎又恢复了平静。

六年级下学期背诵的任务特别多，有那么几个同学怎么也背不下来。这几个同学课文读得七零八碎，没有阅读的积累，又缺少语感，想要把课文背下来谈何容易呀？真是自己种下的苦果，终究要自己尝。我们的工作又何尝不是如此呢？和同年级组的比起来，我的课已经远远地落在他们的后面。而很多时候耽误的课终要我们想办法自己往回补，考试时间越来越近，想办法提高效率才是硬道理！

（七）

又到了周末，可以明显看出经过一周紧张学习孩子们脸上的疲惫。各科老师都围在教室里，等着孩子们完成自己的任务。六年级下册语文要求背诵的东西特别多，我把长篇课文分成了好几段让他们每天背诵一段，可就是这样，依然还有许多同学跟不上。没有办法，我只好把这些同学叫到办公室，听着他们背诵，我也能明显就能感觉到他们的焦虑、着急。一句话要反复好几遍，最终也没能记清。不是我上课没有讲清楚，是这几天孩子的压力太大了。尤其是那些学困生，哪个老师都不肯放过。过去他们还有机会偷懒，如今他们的缺点暴露无遗，再也没有机会偷工减料了。班里有一个文静的小女生，背诵的速度明显赶不上以前，而且一边背一边叹气，还皱紧了眉头。我问她到底怎么回事儿，她说："我怕自己背不会。"怕什么呢？其实仔细想想，可能这些孩子连自信恐怕都丢了吧。此时我们最需要做的是帮助他们缓解压力，找到学习的方法加以改进，从而助力他们变得自信、阳光。我们不妨根据实际情况，降低对他们的要求，让他们体验到成功的喜悦，让他们感受到被关注、被重视，最重要的是让他们找到学习的正确方法，减轻内心的压力。我们的课堂不妨轻松活泼一点儿，给他们找点儿能完成的任务，在这里，分层教学就显得特别重要了。在完成任务上，我们要根据孩子能力，有的放矢，避免一刀切。让每个层次的孩子都能有所提升，都能有收获，才是我们共同追求的目标。

（八）

绘本馆下周终于可以使用了，所以学校决定今天对一二年级的语文老师进行绘本馆使用以及绘本阅读方法的培训。在准备材料的时候，我翻看了手里的绘本，不觉被深深地吸引住了。精彩的画面，有趣的故事

情节，留给人无限想象的空间。想起最近六年级同学的压力太大了，于是，我突然萌生了一个念头——用绘本去给他们解解压吧。所以第四节课的时候，我捧着一本绘本，高高兴兴地走进了班级。先是给同学做了思想工作，指导他们如何减轻自己的压力，让他们闭上眼想象这样的画面：眼前是一望无际的碧绿草地，草地上长满了绿油油、软绵绵的青草。周围有绿树红花、小鸟，彩蝶翩飞。想象自己躺在这片草地上，抬头望见蔚蓝的天空，万里无云。然后我询问孩子们此时此刻的感受，这是解压之前的小插曲。紧接着又告诉他们几个减轻压力的方法，教会他们提升成绩的关键，最后再兴致勃勃地带领孩子们读起了手中的绘本——《好多鱼罐头》。

首先带领孩子了解封面。根据题目以及画面内容，让大家猜一猜这本书会是一个怎样的故事呢？孩子们兴致盎然，提出了很多猜想。然后我又引导孩子重点观察画面上的内容，再带他们了解了作者。我告诉孩子，很多绘本作品有很多文化的情感蕴含在里边，特别值得我们去阅读。接着又带领孩子认识了扉页，让他们一页一页看图画进行大胆细致的想象。孩子们说得五花八门，意见也各不相同。到底谁说得对？在后面的故事当中，他们中有些同学的想法得到了印证，看得出孩子们脸上的兴奋。故事讲完了，从故事当中孩子们也有了自己的收获体会。两只猫用自己的劳动获得了梦寐以求的金枪鱼罐头，这多像我们呀，要想有收获一定要付出辛勤的努力，哪怕很累，哪怕很苦，但是一切都是值得的。这节课上完孩子们身心都得到了放松。绘本阅读，真的是一种很好的方式。走进绘本，走进了一个别样的世界，带给我们一种全新的享受。

（九）

紧张而又忙碌的一周匆匆而过，今天下午的课堂，孩子们略显疲惫，我还是换个方式，让他们轻松一下吧。前几天布置了红色诗词的搜

集工作，同学们有的搜集了革命英雄的诗词，也有的搜集了歌颂党近百年来历程的诗，还有些搜集了讴歌改革开放取得的成就的诗。有了内容，就要让孩子们学会品味诗歌当中表达的情感，并且饱含深情地把它朗诵出来。就这样，六年二班《红色诗词朗诵会》拉开帷幕。为了让每一个孩子都能够展示自己，我把全班分成了十个小组，每个小组的成员都编出各自的序号，先在小组内展示交流。每个同学都尽量发挥自己的最高水平，然后由小组内推选出一个最优的选手在全班面前展示。对于古诗词的朗诵，孩子们还能够把握节奏，可是对于现代诗歌，听他们读起来实在有点儿不太舒服。于是，我又开始给同学们示范讲解朗诵的技巧。从用气，到品味诗歌的情感，再到语调的高低、语速的快慢、声音的轻重缓急，我一句一句带着孩子们来品读。渐渐地孩子明白了朗诵的要点。于是，我们又以方志敏的《可爱的中国》为例，给这首诗歌划分了不同的层次，体会了每个层次所表达的情感，并且用不同的语气、语调、节奏来表现。

仔细想想，朗读作为语文的一项基本功，必须常抓不懈。从低年级开始就要要求孩子读好每一个字、每一个词，每一句短句、长句，学生读不好的时候，老师应亲自示范，告诉学生坚持下去才能够见效果。大声朗读的好处有很多，可以增强自信，可以提升学生的注意力，可以帮助学生更加准确地体会文章表达的情感……抓好朗读，从每一节语文课，每一个早晨，每一次捧起书本开始……

（十）

一天的课程结束，学生到底收获了多少？我们在哪些地方做得成功，哪些地方还有问题？我想这是我们每个人应该静下来思考的问题。曾子曾经说过：吾日三省吾身。一个学问特别深厚的人尚且需要做到自省，更何况是我们普通人呢？作为老师，我们要让学生学到知识，掌握方法，提高能力，形成素养。还记得上网课的时候，那种看不见抓不

着，如百爪挠心的感觉吗？如今我们很庆幸自己还能坐在教室里，和学生面对面上课、交流、探讨、解惑。所以，我们更应该珍惜每天上课的40分钟，让每一分每一秒都体现出它的价值。当然，任何一节课都不是完美的，都可能存在这样那样的问题，这很正常，重要的是我们要认识到自己课堂上存在的问题，而不是找各种各样的理由，甚至把责任完全归到学生身上。当学生厌学的时候，我们用什么方法吸引他们的兴趣呢？当他们遇到困难学不懂的时候，我们要构建一个怎样的支架，为他们降低学习的难度呢？老师的智慧就在于在学生存疑的地方恰当点拨，在学生成功的时候给予他们自信，在学生迷茫的时候给他们指引方向。我想这才是一个做老师该有的智慧吧。每一节课都千差万别，在备课的时候，我们一定要学会把握重点，想办法突破难点。同时也要多向名家学习，多向身边的榜样学习，怀着一颗积极向上的心，相信我们的课堂会有质的飞跃和提升！

（十一）

毕业的脚步越来越近，六年级最后一个综合实践单元给我们带来了毕业的离愁别绪。孩子们回忆起小学阶段那些难忘的、美好的、激动的事情。听着孩子们的讲述，我感觉到孩子们真的长大了，成熟了，能够逐渐用心去感受生活、观察生活了。阅读材料中很多是关于师生情谊的，孩子们在阅读当中感受到了浓浓的尊师之情。我也让孩子们学着阅读材料《给老师一封信》的写法，给老师写一封信，在小学阶段教过他们的任何一位老师都可以。信是让他们写在日记本上的，我一本一本地翻看，孩子们用真情回忆着一桩桩、一件件的往事。过去的事情像放电影一样，一幕一幕展现在我们面前。以前总觉得他们这掌握得不好，那里也不会。可是今天，看着他们的日记，读着读着，眼泪不由得开始在眼眶里打转。尽管教他们的王君照老师很严厉，但朝夕相处了四年后，孩子们对她有太多的不舍。吕老师陪伴了他们两年，这两年里，他给了

孩子们无微不至的关怀，孩子们将这些都记在了心里。张老师，这个严厉的班主任，为了整顿班级纪律，最开始给孩子们留下了很凶的印象，可经过长时间的深入了解后，孩子们才发现实际上她非常温柔可爱，并且特别负责任，就连仅仅教他们一年的朱老师、赵老师，还有可爱的美术老师唐老师，都让他们依依不舍。看得出，孩子是用真心在跟老师对话，真切地表达内心的感激和不舍。孩子们的观察还特别细致，能够抓住每位老师的不同特点，这不由得让我刮目相看。每位老师的付出和辛苦，孩子们都看在眼里，记在心上。没有真情的文章是没有生命的，看着孩子们一篇篇感情真挚，发自肺腑的文章，我由衷地为他们感到高兴。

十二、潜移默化的影响

◎叶阿琴

（一）

"士别三日，当刮目相看。"今天下午，孩子们课间活动时，忽然有个小女孩来告诉我说有个孩子吐了。听到这个消息后我起身就往教室走去，内心猜测着他可能是中午吃得太饱或者是脾胃不和导致的。来到班级门口看到让我惊喜的一幕，没有任何人吩咐，班长和劳动委员就自发地拿着墩布、扫把和畚箕打扫着呕吐物。从他们的脸上我看到了他们对同学的关心，并且没有任何嫌弃。这让我不禁感慨孩子们长大了懂事了。犹记得去年也发生过这样的状况，却没有一个孩子上前来帮忙。人之初性本善，孩子们最初都是蒙昧无知的，他们就像一张白纸，你涂抹什么样的颜料，他们就变成什么样的画作。你对他们友善、尊重和关爱，他们也会在潜移默化中把优良的品德传承下去。

（二）

纪念雷锋活动在今天圆满结束了。我们班可以说是全员参与，从选拔成员到队形排练，每一个环节孩子们都亲身参与其中。他们的重视程

度超乎我的想象。今天临上场小班长还跟我说："老师，我太紧张了，一会儿我说错话怎么办？"我只能安慰她要淡定，只要努力了总会有收获的。唱完歌后学生们的表情却没有想象中那么轻松，有人埋怨自己怎么就不小心忘词了呢，有人说自己在台上眼睛没看指挥……其实这就是生活，有时候你努力到100%，别人可能只看到你60%的发挥，当你努力到120%，也许在别人眼中你仅仅是达到80分的水平。但是不要气馁，机会总是留给有准备的人。你的付出和汗水没有一分是浪费掉的，都会成为你成长经历中宝贵的财富。我告诉大家下次歌唱比赛我们一定会更有进步，因为大家会在努力中慢慢成长为更好的自己。

（三）

我的窗前有一盆绿萝，初见它时我不敢相信它还活着，满盆都是枯黄的藤蔓，枝叶垂头丧气，只有凑近细看，才能发现那一点点米粒般的嫩芽。没有谁精心地照顾它，只是偶尔有人浇浇水，但在这个充满生机的春季里，它又抽出了长长的枝条，长出了肥厚的叶片，多么顽强的生命啊！生命所需的并不多，只要有阳光和雨露照拂到它，它就会拼尽全力成长。就像我们班的一个小男孩，他每天上课就像有多动症一样，尺子、橡皮、铅笔不停地在他手里"表演"着杂技。当我发现批评和提醒都无用时，我就与他做了一个约定：只要他每堂课举手一次，老师一定会喊他起来回答问题并表扬他。我以为他并不能坚持做到我所说的，但是事实证明我错了，他的每次进步都让人欣喜，现在的他也能跟上进度每天按时完成作业啦，我觉得长此以往他也会像我窗前的那盆绿萝一样长出希望的新枝，重获生机。

十三、教育人的幸福

◎王小欧

雨天，微凉，但我们心有阳光。

学生喜欢就是幸福。

文字里记录着我们平时的教学生活，点点滴滴都能够看到我们时时、事事为学生着想。建成的风铃草绘本馆，还有馆内琳琅满目的绘本，必然会深受孩子们的喜爱。在这个有温度的校园里，我们都在努力做一个有爱心的教师，所以，一个深受学生喜爱的老师一定是一个幸福的教师。

取得成绩就是幸福。

课前的认真备课，课后的集体研讨，准备充分的课堂预设，到课堂上的循循善诱，当好学生的引导者、领路人，以及课后的个别辅导和检查工作，这一个个非常繁琐而复杂的任务，正是我们日常生活的点点滴滴。可每当看到学生取得一点点进步，我们的心里就会感到欣慰，一种幸福感和自豪感油然而生，再苦、再累在这一刻都值得。

家长认可就是幸福。

家校合作，及时沟通，能得到家长的认可，我觉得真是一件幸福的事情。人们常说："亲其师，才会信其道；信其师，才会爱其教。"老师是老师，家长是家长，家长支持老师，就是支持孩子的未来。

热爱生活就是幸福。

我们的时光很匆忙，但也别错过落日与夕阳。只有老师自己对生命、对生活发自内心的热爱，才能将这种热情传递到孩子的身上。

　　其实，幸福是一种满足、一种乐趣、一种愉快心情，也是一种感觉、一种责任、一种坚持，一种恒久的动力。教师的幸福，也是学生的幸福；师生的幸福，便是教育的幸福。

十四、与你们同行

◎徐莉娜

"这世界有那么多人，多幸运我有个我们！"

在茫茫人海中，多幸运我和六小的领导老师们相遇相知。多幸运，我有了你们！半年来的相处打消了我曾经的忧虑。这里的年轻人不张扬，健康阳光，朴实无华。工作虽忙，办公室却常常能听到笑声；任务虽多，老师们却能做到样样保质保量，出新出奇；一些老师从教年头不长，却大奖不断，仍谦虚好学。在这里没有心机，没有是非，有的是教书育人的正气，吃苦耐劳的底气，她们脸上总是散发着青春的光彩，洋溢着纯真的笑容。我是个简单的人，和这些年轻人相处，就像和我的孩子们一样亲近，一样放松。在校园匆忙遇见后，灿烂一笑；寻求他们帮助时，他们会热情无私地给予你温暖；搭班时，我们互相协调，彼此成就。在这里工作，只需努力做好该做的事，全身心地投入到教学中，内心澄明清亮。就像我们常常教育学生一样，只要心灵的田野种满鲜花，野草就无处安身。因为，在六小，所有人谋的是学校的发展，想的是教学质量的提升，系的是学生的成长。校长定好了学校氛围的基调，搬弄是非、斤斤计较、懒惰奸猾这些杂草便无处生根。所以我们的校园处处芬芳的是正能量之花。校长心中不光有学校发展的大格局，更有教师学生幸福的小细节。讲团结，讲奉献，互帮互助，幸福学生，幸福教师，不是空口号，只有身在其中的人才能真正体会到这种幸福。

那个金秋九月，我成为了这个大家庭的一员。感受到了领导们精湛的业务能力。在他们的带领下，我走向了一个更广阔的天地。同事们亲切的笑脸、真诚的话语、温暖的问候，一次次打动着我。我的两任对桌给了我许多欢乐与帮助，舒颖活泼善良，小珊珊乐呵呵的脸庞能驱散阴霾，慢节奏的我常常向她们求教。想着想着，一股暖流袭上心头。与你们同行真好！

十五、教育是一场向美而行的遇见

◎杨柳青

世间一切，都是遇见。冷遇见暖，就有了雨；冬遇见春，有了岁月；天遇见地，有了永恒；人遇见人，有了生命。我遇见了你们，就有了一段美好而难忘的时光。

——题记

"我不是在最好的时光遇见了你们，而是遇见了你们我才有了这段美好的时光。"对于我来说，来到六小就是一场最美的遇见。优美的环境，宽敞的教室，活泼可爱的孩子，幸福的教育理念……让我对这个新校园别有一番情愫。我也立志一定要在此用心做教育，潜心育新人。

五年光阴，弹指一挥间。送走了一届"亲传弟子"，又迎来了一届"可爱小娃"。看着懂事可爱的他们，我想起了张爱玲的一句话："于千万人之中，遇见你所遇见的人；于千万年之中，时间无涯的荒野里，没有早一步，也没有晚一步，正巧赶上了。"不知遇见我的他们又会是一种怎样的感受呢？自从接手这个班，我和他们每天都发生着不一样的故事。我们的故事虽平淡无奇，但多年后回想起来一定会特别温暖。说实话，带了这个班，我最大的成就感就是转变了三个特殊的学生。

遇见爱，你扬起的笑脸多么可爱

小女生浩然，文文静静，不爱说话，尤其是在老师面前，更是不敢大声说话。每次抽她背课文，我都要集中100%的注意力去听，有的时候甚至靠看嘴型。虽然每次我都鼓励她要大声说话，但都没有成效，更是从来看不见她的笑脸。有一次，我找她谈心得知，她的父母对她要求特别高，只要她考试考不好就会对她大声训斥，慢慢地她就变得内向敏感，说话做事都特别小心，甚至有些自卑。后来，我就特别关注这个小女生，给了她多于别人的爱。她有进步，我就在班里大加赞扬。一开始她还会不好意思地低下头，后来我慢慢发现，她在听到表扬后不再害羞，在课上也学会了勇敢地表现自己。记得有一次单元测试，她考了82分，我不仅当着全班学生面表扬了她，还送给了她一支钢笔。从那以后，她变得更自信了。脸上也扬起了灿烂的微笑。我想，是种子总会开花的。

遇见鼓励，原来你也可以这么优秀

对后进生，我们一个鼓励的眼神，一句赞美的语言，可能会给你带来意想不到的惊喜。小H是个调皮、好动的男孩，课堂上总是不能认真听讲，不爱完成家庭作业，不愿意和其他学生一起玩。在他心里，别人总是针对他。虽然我和他谈了几次话，但收效甚微。面对这样的孩子，我该怎么办呢？难道就让他一直这样了吗？我不甘心，所以我极力从各方面找他的优点，在其他同学面前夸赞他的优点。虽然碰过几次壁，但慢慢地我发现他能融入这个集体中来了。同学遇到困难，他能主动帮忙。地上有垃圾，他能主动捡起。上课有学生说话，他还帮着我一起管理班级。他的每一点改变我都看在眼里，所以当他有一点进步的时候我就极力鼓励他。有一次写小练笔，我发现他的字比以前写得好了，为了鼓励他，我让他当了收小练笔的组长。还有一次，他主动帮小楠同学拿书包，为了鼓励他，我给他免去了当天的家庭作业。得到鼓励的他像变了个人似的，下课主动擦黑板，主动要求帮我抱作业本，主动帮同学摆桌子，甚至他的家庭作业也再没有迟交过，上课也能快速地进入学习状态了。

遇见等待，你不再是其他同学嘲笑的对象

小K同学也是班级中特殊孩子之一，每当回答问题或者跟老师说话的时候都会口吃，憋半天说不出来。其他同学都笑话他，可我并没有因为他的缺点而剥夺他上课回答问题的权利，而是耐心地等待他把话说完。每当他着急说不出来时，我都告诉他不要着急，在心里把语言组织好了再张口。一年下来，他有了很大的改变。上课举手的次数越来越多，而且回答问题的时候也比刚开学时流利了许多。每当他完整地回答完问题，我总是当着全班同学的面鼓励他，并要求同学们把掌声送给他，他也因此变得比以前阳光了。现在的他，已经能够流畅自如地回答任何问题了，再也不是那个因口吃被别人嘲笑的小男生了。

有人说，老师是一种情怀，是一种热爱，是青涩年华里最美的引路人；有人说，老师是一种信仰，是一种坚持，是用粉笔书写明媚四季的工匠；还有人说，老师就是一份责任，无论鲜花还是荆棘，平坦还是泥泞，都会永远带着爱在路上前行。时光，流逝着；岁月，沉淀着；遇见，继续着。愿每一次遇见都能成为向美而行的体验。

十六、一朵别样的花儿

◎冼国民

雾尽春来和风暖，万物象新归始然。柔软细腻的不落之春，我们爱它的悄无声息。

初来五年一班，孩子们的笑脸格外热情。阳光斜斜地照进教室，温暖着讲台、讲桌，当然还有我。孩子们很快铺展开卷子开始作答，静悄悄的教室里仿佛只能听到笔与纸擦出的沙沙声，此刻倒多了几分安宁与期待。

双手合拢，站立于讲桌旁，扫视着这些奋笔疾书的大孩子们，我内心生出一股说不出来的亲切感。

北排第四桌的小男孩突然有些措手不及地捂住鼻子，忙不迭地站起身，刚要说话，我已明白他是流鼻血了，赶紧挥手示意他快去洗。再拿起粉笔走到他的课桌旁，看到试卷上的血迹，我滚动着粉笔，用吸附力极强的粉笔将血吸走。但卷上仍留下了一朵模糊的小红花，也只有我和他知道。

不一会男孩回来了，抽动了一下鼻子，抬头看看我，又忙低下头答卷了。看到卷子上被吸干的血迹，他又看了看我，没有作声，接着奋战习题了。

看着他黝黑的面庞透着的乐观，我竟感到很欣慰。六小的孩子都这样坚强与勇敢，真棒！

考试结束，临出教室时，他快步走上前，悄悄地跟我说："老师，谢谢您！"我会意地笑了。相信爱吾爱以及人之爱，让仁爱之心在孩子的心中扎根，发芽，未来会开花结果。

我也会记住孩子们纯真的笑脸！六小孩子的童年是从心底里的幸福开始的！愿每一朵花都开出别样的精彩！

十七、做有磁力的老师

◎徐莉娜

老师的工作可不仅仅传道授业解惑这么平面，老师是立体的，尤其是要有磁力的。

课堂上，有的学生专心听讲，坐得端端正正，有的手里摆弄着小玩意，就是集中不起精神来。这样的小毛病形成不是一日之功，"病来如山倒，病去如抽丝"，学习何尝不是这样呢？孩子形成了走神的习惯不容易一下把他们纠正过来，这就需要老师做一颗磁石，用强大的磁力，不断把孩子吸引到课堂中来，吸引到正路上来。当他想偷懒，不想再工工整整写字时，老师要送去一句鼓励的话，使劲拉他一把；当他在你反复强调要装上雨衣却仍没带时，你要用严厉又期待的语气告诉他"老师相信你不是故意的，下次一定要带！"孩子会重重地点头应允；当他想做坏事时，你要用目光告诫他"我已经知道了，相信你会做回好孩子！"这样他快要旁斜的枝杈就能被你修剪掉了。同时老师还要用每一节富有活力的课吸引孩子，让一块普通的铁块，变成有用的钢材。师者的个人魅力和榜样作用也很重要。老师要是活力四射，孩子也能热爱运动；老师做事充满激情，孩子也会朝气蓬勃；老师完成任务一丝不苟，孩子做起作业也会认认真真；老师雷厉风行，孩子也不会拖拖拉拉；老师读起文章抑扬顿挫，饱含情感，孩子朗读课文便不会再粘牙拖音；老师温文尔雅，学生就不会口出恶言……

虽然孩子的成长，还与家庭社会密切相关，但老师对孩子的影响是根深蒂固的。做一个有磁力的老师，牢牢地把孩子吸引在一条阳光大道上，真是功莫大焉！

十八、世间无难事，只怕有心人

◎苗雅梅

世间所有的难事，最终都会在"用心"二字前被悄然化解。

一节课，不管它有多复杂，只要老师精心设计，反复打磨，就会有精彩的呈现。面对学困生，无论他身上存在多少问题，只要我们愿意走进孩子内心，寻根究底，对症下药，总能带来某些惊喜和蜕变，即便他可能不如别人，但自己已经进步了。管理一个班级，最初可能人心涣散，学生调皮不懂事，但老师只要倾注心血，严格管理融入人文关怀，班级就会朝气蓬勃，充满凝聚力；组织一次活动，牵扯到的人和事都很复杂，但只要我们肯动脑筋，思虑周全，就能够做到与时俱进，高效创新。教师的工作，错综复杂，经常会有各种突如其来的外部干扰，但只要我们能够头脑清醒，按照事情的轻重缓急进行梳理，就能做到有条不紊，事半功倍……人的专业素质有优劣，能力水平有高低，但无论原有基础怎样，只要对待工作认真负责，用心经营，就一定会有满满的收获。反之，有些人头脑敏锐，才华横溢，但做事总是拈轻怕重，偷奸耍滑，最终只能一事无成。

今天的感悟来自于戚洪柱老师整理2021年学校档案一事。虽然戚老师从未从事过档案管理工作，也没经过专业培训，但肯于钻研，从网络上搜集资料自学，在陈书记领导下探索更为科学的存档方法，积极主动

不厌其烦收集材料，最终将2021年的档案材料整理好并妥善保存起来。有了这一年档案整理的经验，后续就会轻车熟路，一直困扰学校的档案管理问题就会迎刃而解。其实戚老师能有什么捷径？只有用心罢了。

十九、因为我们是老师

◎郭志华

　　早上，儿子对我说："妈妈，我想和你一起去学校。"我想了想，说："其实我特别想去你的幼儿园，那里有好吃的、好玩的，还有小床，累了还可以上床去睡觉，多美呀。"他把小手放在头上，小眼珠一转，说："是呀，你要是能吃点缩小药就能像我一样了，那样我就可以把你装在我的兜儿里，带你去幼儿园了。"多稚嫩的话语呀。我们都笑了。他皱了皱眉头："可是我还是想去你的学校。"

　　"很简单呀，明年你就可以来了。"

　　"明年，那还要多少天？"

　　"嗯，300多天吧。"

　　"啊？300多天得多久呀？"

　　"等你再长一岁就能来了。"

　　"好吧。"

　　他无奈地嘟着小嘴儿。是什么原因让这么小的孩子也期盼着走进六小的校园？从六小建校到现在，多少人对六小充满了向往，多少家长站在校门外翘首企盼，却又无缘相见。这些都源于学校精细的管理，老师们专业而又无私的付出。"金杯银杯，不如家长的口碑。"是呀，每一个六小人从走进六小的那一天起，就懂得了自己肩上的责任，用勤劳汗水书写着自己的无悔人生。大浪淘沙以后，虽然忙忙碌碌没有时间，但是

见面时大家脸上洋溢的都是笑容，遇到困难总是互相帮忙，让人心头倍感温暖。

　　回想起多少老师带病依然坚持在工作岗位上，多少人为了别人的孩子，把自己的孩子丢在家中。多少个清晨和夜晚，老师们坐在办公室里，批改作业、认真备课、填写表格……六小人，用自己的行动书写着无怨无悔。用自己的付出诠释着不忘初心！我自豪，我是六小人！

二十、面对批评

◎徐莉娜

"良药苦口利于病，忠言逆耳利于行。"我们都不是圣人，言语行动上，总会有做得不够完美的地方。当面对批评时，我们该用怎样的心态对待呢？小时候，爸爸总是爱指出我的毛病，脸一板，急赤白脸得让人无地自容，而我总心里不服忍不住小声嘀咕。长大些了，甚至敢大声顶嘴，背后有时还心生怨恨。现在想来当年爸爸不留情面的批评，却让我今天成了懂规矩，有方法的大人。比如，吃饭夹菜不可以去盘子的另一面夹；大人没上桌，小孩不可以先吃；筷子不能指着别人。擀饺子皮，爸爸说我用擀面杖的方法不对，得用中间，这样擀得快。虽然我一试，果然有效，但当时还在狡辩。

参加工作后，主任看见我写字时握笔的姿势，眼睛笑成一道缝，说："都二十来岁了，抓笔都不对！"说得我羞愧难当，暗暗用了很长时间，终于把错误的姿势改了过来。如果现在还这样抓着笔写字，怎么给孩子做示范。听课后，领导们会指出课堂中的很多不足，我有时也会接受不了，年轻气盛，忍不住去为自己辩解，但在行动上却时时刻刻努力避免这些毛病，渐渐地自己的课堂开始有了起色。所以我感激成长路上曾经批评过我的每一个人，是他们真诚的批评，让我直视自己的缺点，才能有不断的进步。

成长中的孩子，正是在不断的犯错、改错中长大成材的。老师和家长就是孩子成长路上的园丁，要不断给小树苗修枝剪叶。多数家长都会感谢老师能准确地发现孩子的问题，并愿意配合老师帮助孩子纠正毛病。可是也有一些特殊的家长，当老师与他沟通孩子的问题时，家长会百般掩饰、袒护，觉得自己的孩子没毛病。对待这样的家长，我心中谨记校长的话，咽得下委屈，学会保护自己，我所做的对得起我师者的良心就好，只能在以后的工作中一点一点改变家长的偏见，再共同为孩子成长助力。

二十一、从好习惯培养开始

◎高杨

　　巴金说过："孩子成功教育从好习惯培养开始"。让孩子做一件好事不难，将做好事变成习惯却很难。昨天晚上突然接到Z同学妈妈的语音电话，刚接通，电话那头便是无休止的埋怨："高老师，给Z退学吧，我不让他上了，给他转私立学校去我也省心了。"话音刚落，电话那头便是长达3分钟的哭泣声。其实不用多问，我知道一定是因为写作业两人产生了矛盾。听着孩子妈妈那无助的声音，我的心也跟着起起伏伏，想起了曾经教育自己孩子的种种场景。等她冷静下来后我便开始询问事情的缘由，原来是妈妈答应孩子如果孩子每天坚持做额外习题，就会奖励他一部手机。妈妈把孩子的兴致提起来了，孩子也努力地完成自己不愿意完成的任务。可当他伸手朝妈妈要心心念念的手机时妈妈却食言了，这便激发了孩子心中的怒火，和妈妈吵了起来。妈妈无奈之下给我打了这个电话。听了原委后，我对这件事进行了细致的分析，首先孩子本身就容易因为有手机经常私下联系同学，注意力无法集中在学习上。其次，因为孩子是家中二代人的掌上明珠，上至爷爷奶奶下至姑姑阿姨都惯着他，造成了他形成懒惰爱耍心眼的不良习惯。最后，孩子本身自控能力差，上网课期间就经常性地迟到早退，利用时间差去打游戏。可是，作为妈妈，明明知道孩子最想要的就是手机，还给他提供这样的诱惑是最大的错误，当孩子有进步时，我们可以给孩子一定的奖励，但绝

不是以这样的方式，可以奖励他看20分钟电视，也可以奖励他免做一次课外习题等等。另外，当两个人产生矛盾，情绪都达到不可控的地步并且没法交流时，就不能硬碰硬，等孩子冷静下来后再选择跟孩子讲道理会好很多。况且现在孩子大了，是思想转变的关键期，如果硬碰硬只会让孩子更加叛逆。当然，碰上原则性的问题时家长也可以适当教育，给孩子深刻的教训。听了我的话后，Z同学妈妈冷静多了，并在睡前发来信息："高老师，谢谢您！在我即将崩溃的时候您又把我拉了回来，听了您说的那些话我觉得自己也有好多问题，孩子一点点长大，慢慢地有了自己的思维，不受人约束。孩子跟我道歉了，他还说在他小学阶段最重要的两个人一个是高老师，一个是我。他知道我们都是为了他好。他说高老师是在外的家长，孩子能这样评价说明您的付出孩子也看在眼里，从一年级到现在您比我还了解他，他能遇见这样的老师也是他的福气。孩子本质不坏，就是懒惰，他希望能得到您的赞赏，能让我为他骄傲。我们一起看他的表现吧。谢谢您"。看到这条信息，我很是欣慰，因为也看到了自己的价值。其实，教育不光是教学生知识，更重要的是让每一个受教者都拥有独立思考问题的能力，冷静的处世态度以及自我反省的意识。我想这就是教育的意义。

少年若天性，习惯成自然。作为老师我们要学会多角度看问题，用发现的眼光去评价管理学生。班级里的孩子水平参差不齐，有的很优秀，不用老师提醒都懂得自我管理和督促。反之，也有让老师操碎了心却仍无起色的孩子。最近不知道是什么原因，班级里有那么几个孩子各方面的能力水平都直线下降。这几个孩子，我没有对他们进行惩罚，而是进行了善意的提醒和鼓励。我知道如果我一味地批评教育，只会让他们变本加厉，往严重了说可能会导致他们对学习毫无兴趣，对老师充满抵触。相反，我给他们列举了身边的实例，用理论加实践的方法让他们认识到学习的重要性。其实，在我看来孩子好比世间独一无二的种子，在成长的过程中那些能力较弱的孩子就是缺乏营养的种子，需要我们精心呵护。在其成长的关键期，如果我们经常施肥、保证充足的阳光和水分，相信种子总有发芽的时刻。一块玉石在成为璞玉之前还要经过上千次的加工，打磨，更何况是在成长期的孩子呢？我相信只要我有足够的耐心，我的小种子们终有一天会给我惊喜。

二十二、新苗秀于林

（一）破茧成蝶时

◎苗雅梅

周六加班，听了新苗老师的一节录像课《坐井观天》，孩子们读得有声有色，老师也比之前显得从容，和孩子的交流亲切自然。

说到这节课，还要追溯到期初听课。按照教务处的安排，我听了新苗老师的一节课，并和全组教师进行交流。之后，新苗老师主动要求再讲一节，加强练习，并邀请我做听课指导。可是各种各样繁杂的事务缠身，我一直没能走进课堂。我一次次和孩子们许诺：明天就要听课了。孩子们最后竟认为是在讲"狼来了"的故事，这狼始终也没出现！于是，聪明的新苗老师把课录下来，才让我勉强兑现了诺言。

看着录像，我不禁心生感慨：多好的老师！年轻的她踏入教坛，少不更事，经验不足，内心一定经历过无数次的挣扎和痛苦。但她始终不服输、不退缩、不气馁、不放弃，更没有一些年轻人身上的懒骨娇气，主动学习，积极上进，让自己慢慢变得扎实稳健，厚重丰盈。这一路上，付出的会很多，向优秀的老师学习、和周围的同伴请教、跟在师父身后听课、请领导帮忙指导……这些点点滴滴积聚起来，才成就了一个不一样的她！

喜欢这样努力拼搏的老师，赞赏这种不服输的性格，我也愿意随时随地帮助她，更期待她破茧成蝶的惊艳！

（二）进步在悄然之间

◎苗雅梅

早上听了二年七班的语文课《雾在哪里》，心中忽然敞亮了许多，这是我第N次听张老师的课，但感觉是最舒服的一次。

首先，从师生状态上来看，大家显得精神了。课前三分钟展示时教师语言优美，回答问题的小女孩声音洪亮，落落大方。课堂上，孩子们听课聚精会神，大部分孩子都能紧随老师的思路，而且回答问题不再唯唯诺诺，更加自信从容。教师不再自说自话，能更多地关注学生，及时提醒调控。其次，从教学设计上来看，引入部分短小精悍，容量较大，且实用性强。从欣赏雾的图片开始，到认识生字"雾"，扩展与雨字头相关的字，最后指导孩子们读出题目"雾在哪里"中问的语气。这个设计可谓一气呵成，流畅自然，值得借鉴。当然，在教学过程中还存在着一些问题，例如识字教学缺少难认字方法的提炼，过关检查没落到实处，有些设计过于繁琐，目的性不强，这些需要老师在今后的教学中逐渐弥补完善。

"知不足然后能自省也，知困然后能自强也。"没有人生来完美，大家都是在一次次失败中吸取教训，在不断反思中逐步改变，才会呈现出最后的完美和惊艳。

欣喜于张老师和孩子们的进步！

（三）奋斗正当时

◎苗雅梅

午后，阳光正好。

难得的闲暇，漫步校园，我也来感受一下春的气息。院墙边的柳树透出隐隐的绿色，柳枝随风拂动，仿佛每一根都浸满了汁液，轻轻一碰就能渗出水来。地上的小草从枯叶中钻出来，昂着头，挺着胸，绿油油，一派意气风发的样子。紫叶李长势喜人，每一根枝头都擎着几个芽苞，嫩嫩的，绿绿的，玲珑小巧，似乎蕴含着无限的春色。大自然中所有的生命都欣欣然张开了眼，一天一个样，让人忍不住多看两眼。

其实，校园里蓬勃生长的何止这些，每一个年轻的生命都在汲取营养，奋力向上。李明娟老师的课堂充满了活力，孩子们有滋有味地读着，舒展着腰肢尽情表演，像模像样地模仿创编，整节课散发着文字的魅力。白秀蕊老师的数学课充满了童趣，和孩子的对话亲切自然，学生的错误成了最好的学习资源，感觉她将成为顶好的低年级数学教师。王琦老师的数学课听着舒服，他变得大方了，淡定了，会笑了，真正做到了心中有教材，眼里有学生，把学生的学习放在第一位。经过这几节课，我强烈地感受到了年轻教师的蜕变和成长，就像春天里的万物，生机勃勃，不可阻挡。

"好雨知时节，当春乃发生。"春暖花开，奋斗正当时！一切都刚刚好。

（四）破茧成蝶，领悟教育真谛

◎苗雅梅

今年，承德市教研室成立了专门的数学课堂转型研究小组，我校作为基地校，李嘉敏老师有幸参加了本次山庄讲堂的课堂展示活动。

初听嘉敏的课，大概在三四年前。我清晰地记得那是一次县级数学教学比武，她讲的内容是三年级的概念课《周长》。赛前她讲了好多次，评课说课也随之进行多次，有些环节几乎是一句句敲定、练习，可是当她走到课堂上依然显得生硬，无法与学生形成真实有效的互动。那时候，我不禁在心里感叹：年轻教师的成长迫在眉睫，我们的教研之路任重而道远。

今天，当我陪同教研室李主任再次走进嘉敏的课堂时，这个年轻人的表现让人刮目相看，与当年那个青涩的她不可同日而语。对知识的理解和把握深入透彻；教学设计层层深入、环环相扣；关注每一个孩子的学习，把学生作为学习的主体在课堂上体现得淋漓尽致；落落大方，不急不躁，眼里流动着真诚自信的光……沉浸在她的课堂里，感觉到的是学习的快乐和惬意，更有一种来自内心的欣慰和踏实。

其实，在我们的团队中，有很多像嘉敏一样成长的年轻人。从过去业务上的懵懂无知到今天的出类拔萃，从以前的胆小怯懦蜕变为现在的自信阳光，从之前管理中的束手无策成长为今日的得心应手……五年来，每一次会议、每一次活动、每一次教研、每一个要求、每一次交流，每一节课堂……都在润物无声中提升着我们的精神境界、专业素养、文化自信。正可谓有了痛与泪的破茧，才会有笑与飞的成蝶！

回首往事，铺满荆棘的路上洒满了汗水，渗进泥土，日日滋养着这片贫瘠的土地。于是春风拂过之时，倏忽间绿遍山原，鲜花烂漫！

（五）信赖，给人以信心

◎苗雅梅

清晨，嘹亮的队歌在校园响起，鲜艳的红领巾在胸前飘扬，全县少先队建队日活动在我校隆重召开！

聆听着抗战老兵浴血沙场的艰苦历程，回味着六女上坝植树造林的辛酸苦辣，感受着尽管病魔缠身依然呕心沥血的张桂梅老师的教育情怀，不禁心潮澎湃。作为新时代的少先队员，他们发出了时代最强音：请党放心，强国有我！那清脆悦耳、掷地有声的铿锵誓言，撞击着每一个人的心灵，红色基因在一代代少年儿童中传承不息！请党放心，强国有我！这是少年儿童的承诺！更是党和国家对未来一代的信赖！信赖，给人以远大理想！

活动结束，常局、李局两位局长走进教学区，直进课堂。随机逛

班，教师们按课表授课，没有提前准备，没有经过特殊的挑选过程，一切按常规进行。课上得踏实、朴实，教师大方从容。"教师素质不错，课挺好，看来平时教学也下了不少功夫，一定要把每一个孩子的积极性都调动起来！"这是局长亲切而中肯的评价。

第五节听了徐晨曦老师的一节拼音课，孩子们在课堂上凝神倾听，跟着老师认认真真学习，但也能看出教一年级的孩子的确不易。徐老师语言清晰，态度亲切，与去年的她简直不可同日而语，我也要给这突然之间就成长起来的"孩子"点个赞！

我想这份信赖，不光来自我，还来自学生和家长。愿这信赖，能给人以希望，照亮前方的路！

二十三、经典语录

◎徐莉娜

今天在群里看到了两段触动我内心的文字，一段是苗校长发的，关于幸福课堂的评价，一段是陈书记发的关于朗读重要性的文字。我的神经一下子就活跃起来，这两段文字不就是我一直不懈追求的目标吗？

苗校长说：教师的精彩在课堂。幸福的课堂一定是小手高高，小嘴常开，小眼发光。是啊，这样的课堂能给孩子带来多少幸福！孩子来到学校，遇到一位良师，指引他入门，激发他兴趣，点亮他快乐的童年，让他们每一堂课都在快乐与充实中游弋。而这样的课堂，何尝不是老师的幸福呢？一堂课下来，孩子们对你恋恋不舍，并盼望着下一节语文课的到来，一种为人师的满足感也会在你心里油然而生，老师和孩子一样天真着、简单着，心如清澈的泉水，不断欢跃着、澄明着。在这样的课堂里老师和孩子都是幸福的。

这种幸福离不开那一行行充满生命力的文字。那一篇篇文质兼美的课文，常常让我陶醉，而怎样让这些文字吸引孩子呢？让他们从小就喜爱这一个个跳动着的音符呢？那就是朗读，通过朗读把孩子带入语言文字所创造的意境中。陈书记再次强调了语文教学要重视朗读，"朗读能把静悄悄的书面文字用声音活化起来，朗读对于思维能力、感情引发能力、自我调节能力等的培养，也都起到积极的作用。学生通过反复多遍的朗读与课文的语言文字反复接触，才能更深刻地领会作者在字里行间的思想感情，受到更直接、强烈的感染。它往往比单纯的讲解分析更能使人体察入微、感受至深。学生只有通过对课文的熟读精思，才能领略文章的内涵，欣赏课文特有的美，从而使自己的心灵受到陶冶，境界得到升华。从朗读中真正感受到语言文字的无穷魅力。"

使用部编版教材以来，仿佛我们更注重方法，更关注能力了，而常常忽略了朗读才是语文的根，不扎好根，一切都是形而上学。

今天和两位领导学到了很多，也更坚定我语文课堂要走的两大路线：打造让孩子幸福的课堂，让孩子爱上课文朗读。有了这两点，孩子的语文能学不好吗？

二十四、我们的幸福

◎苗雅梅

昨天，听课中传来消息，通过考核组打分，我校被教体局推荐参加承德市名校申报！似乎情理之中，又意料之外！

整理材料的过程中，我们才有时间梳理建校以来获得的成绩，光是学校集体荣誉就有59项（一些体育奖杯并未计算其中），其中国家级3项，省级7项。个人奖励只涉及称号（还有部分教师的称号证书未上报）、教学比武、科研课题、科研成果四个项目，就达到了144人次，真算得上硕果累累！在我撰写材料的过程中，全校教师排除万难、携手奋进的一幕幕又浮现在眼前，从时常被人遗忘的失落到今天昂扬向上的自信，我们流汗、流泪、流血，才能有今日的成就，这一切，只有身处其中的我们心里知道，并且深深懂得。

建校之初，寄人篱下，家长心存怀疑，远远观望，县城小学实在无处安身才勉强把孩子送到六小。那一年8个班331个孩子，最大班容量42人；第二年搬进新校区，三至五年级学生分流，于是各校学生蜂拥而至，学校一下子变成1500多人。生源不缺了，校园热闹了，可是接下来我们的烦恼和压力也接踵而来。除了咬紧牙关，除了拼命付出，我们别无选择。养成教育全校推广，德育活动力求创新，加班加点补课辅导，坚持不懈狠抓教研，日日坚持集体备课，隔三差五基本功考核，赛课活动从未间断……于是，早出晚归、披星戴月、废寝忘食、呕心沥血

……成了我们的代名词，我们的学校在这份执着追求中崭露头角，我们的老师在忙碌和辛苦中不断历练成长，脱颖而出，我们的学生变得遵规守纪，阳光自信。

常听一些局外人问我们："看看你们这一天，累不？""听说六小特别累，是不？"身在六小的我们，却心甘情愿地累却成长着，因为有奔头；苦却见成就，因为有价值；忙却不缺爱，因为有温度……我们一群志同道合的人，共同行走在教育的路上，有相同的理想、有彼此的扶持、有学生的喜欢、有家长的信任、有社会的认可，我们感受着最温暖的幸福。

二十五、迟来的遇见 自我反思

◎刘艳丽

今年是2022年，我来到六小已经整整五年了，为什么说是迟来的遇见呢？因为自从融入六小，我更加明确了努力的方向，对作为一名教师的责任就更加清晰了；也学会了工作要多想办法不要墨守成规。在心里也曾无数次地想过，如果我能早一点遇见六小，如果我能再年轻一点，如果能早一点遇见苗校这样的专家级导师，也许此刻我会更加的优秀。可时间不会倒流，往事也不会重演，只有向前看，大步地迈向前，寻找前方属于自己的那份春天。我们美丽的六小是一所年轻的、朝气蓬勃的学校，这里的年轻教师比较多，我属于比较年长的，不过六小老师身上努力拼搏、团结奋进的精神时刻提醒着我，要活到老学到老。五年的时光感觉自己学到了许多，好似比曾经十年学到的更多，我庆幸与六小的遇见，也惋惜没能早一点遇见她。在这个年轻人多的大家庭里，有时侯也会被小妹子们带回到而立之年，浑身充满力量，那是一股抛开年龄的拼搏的力量，不过这股力量与以往不同，它带着智慧与爱，带着方法与淡定。

每一种相遇都是一种缘分，每一种相遇也都会有所获，我与我现在班级孩子的遇见是缘分，更是锻炼，他们可能不是最优秀的，但他们善良；他们可能不是最聪明的，但他们团结一心。正是因为这样的班级特点，我绞尽脑汁想了许多办法去调动他们的学习兴趣，针对不同的孩子

因材施教。这将近两年的磨合让我长进了不少，懂得了不要一味地批评，不要一味贬低孩子，要多发现他们的闪光点，尽量表扬、鼓励，这样孩子就会朝着你指明的方向去努力。接下来的一年相处我会更加努力，为他们的小学生活画上圆满的句号。

在假期里我阅读了两本李镇西的书籍，感触颇深，其实有许多方法我也采用过，只是没有分条分类总结，这样看来，我在六小这几年的确进步了不少。做一朵喇叭花吧，六小就是你乐观向上开出美丽花朵的倚靠。

二十六、用宽容之心对待每一个孩子

◎赵瑞银

2017年，我来到了六小，担任五年三班的班主任。也许是有缘吧，班里有几个孩子是我在四小教过的学生，其中有一个小Z同学。看到他，我的第一反应是，这个孩子现在怎么这样儿了？

那是在他二年级的时候，有一天他的同桌告诉我，新买的水彩笔丢了。我想，既然是早上新买的，那肯定是谁拿走了。于是便第一个翻看了小Z同学的书包，发现他的书包里有一盒儿新水彩笔。可能是孩子年龄小吧，他马上承认水彩笔不是他的。我悄悄地说，老师知道，肯定是你装错了。孩子当时很害怕，我便悄悄地把水彩笔还给了他的同桌。这一过程，没有让其他学生知道，更没有大张旗鼓地当众批评他，我就当什么也没发生一样。

我知道偷拿别人的东西确实是不好的行为，但孩子那么小，他也许是觉得好看，也许是因为自己没有，顺手拿了。所以，为了不让孩子的自尊心受到伤害，作为教书育人的我们，绝不能把"偷"这个字安在这个这么小的孩子头上。让孩子从小背负"偷"的罪名。

《给教师的建议中》写道：要知道，儿童是不会故意做坏事的。如果一个教育者硬是认为儿童有这样的意图，是蓄意有这种不良行为的，这就是教育上的无知。如果这样，可能我们在竭力砍掉劣根的同时，把所有的根子都砍掉了。

当我再次和小 Z 相遇时，我庆幸自己当初的做法没有伤了他的自尊心，因为小 Z 成了一个品质高尚的孩子。因他捡到了五元钱，交到政教处，我们班还得到了流动红旗。

我也庆幸当初没把这件事公之于众，用宽容之心对待他，帮助他形成了良好的品质。

苏霍姆林斯基说："有时，宽容引起的道德震动比惩罚更强烈。"所以，我认为，作为教师的我们，要以宽容之心去对待每一个孩子，让每个孩子在我们的宽容和理解中长大，长成最美的样子。

二十七、春风化雨，浸润孩子心田

◎轩丽婧

安安稳稳的一天马上就结束了，班长突然找到我说："张同学和申同学两人玩急眼了，老师您过去看看吧！"我一听就马上往他俩那跑，而那两人看我来了都消停了，小脑袋一耷拉跟着我就回办公室了。两人还掉眼泪了，好像都挺委屈似的。我压住内心的怒火，心平气和地说："要么就哭够了来找我说事，要么擦干眼泪说事。"两人挺听话，一个一个地开始说事情的来龙去脉，为了避免偏听偏信我还找了目击者叙述，跟两人说的基本一致。

在这场事件中，两人都有错，错在玩的时候没有顾及别人的感受，因而言行失了分寸，因为对同学不尊重所以激怒了对方，而后两人都认识到了自己的错误，互相道歉后这场风波就结束了。试问哪个人的成长不是浸透着汗水和泪水的呢？那个口无遮拦的孩子也许会被这几巴掌打醒，从而懂得话不能乱说，那个打人的孩子也会明白，巴掌的伤害是巨大的，最终都会学会尊重别人。其实孩子之间的打打闹闹需要的是老师与家长的正确引导，应该得到宽容理解。

六年级的孩子容易躁动，我们要做的不是煽风点火，火上浇油，若能春风化雨，浸润孩子心田，也许我们会看到满园花开。孩子犯错是很平常的事，当孩子犯错时，换个角度看孩子，你会有意想不到的收获。

越来越发现在教育学生的时候，我们既要看短期效果又要看长远效

应。要想让孩子言行合一不仅要看学生在校时的表现，还要有学生离校后的跟踪调查，老师要实时和家长联系起来，做到家校共育，这样教育才会有成效。张同学就是一个不服管教的学生，吃软不吃硬，而且对老师的教育总会有敌视心理，这样的学生特别让老师头疼。刚好这两周的班级管理培训我学了不少点子就拿来用了。就像苏霍姆林斯基说的那样，学生不必在每个具体情况下知道教师在教育他，在自然而然的气氛中对学生加以教育效果会更好。这几天这孩子明显改变了，作业也按时完成了，虽然字潦草了一点。听写条子错了，他放学后也主动找我改错。对于这样的学生在教育时我们不能只灌输，还要以引导为主。"一个不高明的教师向学生奉送真理，一个好的教师则教学生来自己发现真理。"这也告诉我们在教育学生的时候，要淡化教育痕迹，春雨润物的教育感染往往比慷慨陈词的说教奏效得多。

二十八、珍贵的礼物

◎许伟

延时辅导结束，当我正组织学生站队时，莹莹怯生生地走到我身边，双手捧着一本试卷，红着脸小声说："老师，假期我可想您了，这是送您的礼物，这里的每一道题我都认真做了。昨天组长收作业的时候，我只交了计算题，这个礼物我想亲手送给您。"说完扭头就站到队伍里了，根本没给我反应的机会。莹莹平时就少言寡语，内向的她成绩也是那种既不十分优秀，也不需要操心，经常会被老师忽略的"中间层"。真没想到，她会这么用心地完成作业。真没想到，仅仅一年的接触，孩子们会真心喜欢上我。被人喜欢，有人惦记的感觉真好。

接手这个班已经一年多了，55个孩子中最让我头疼的要数小X了。一年多的时间里，她和我说的话用手指都能数得清。课堂提问，她的头永远都是深深地低着。课下，就是想和她沟通沟通，她也永远是闭口不语。作业总是一塌糊涂，根本没有全做对的时候，成绩自然也是惨不忍睹。开始，我也曾试过多种办法，但效果都不太好。慢慢地，我发现，对她，我不能只盯着成绩了，帮助她寻找学习的快乐也许比成绩更重要。于是，无论是作业、考试还是回答问题我都对她降低了标准。她只要能交，我就找机会表扬，每做对一题，我就给个大大的拥抱。慢慢地，她主动交作业的次数越来越多了，课上头也抬起了一些，偶尔还能在她的脸上看到一丝丝笑容了。有一天，她还破天荒地主动找我问问

题了。

也许这就是人们常说的，每一个孩子都是一朵花，只是花期不同而已。有的花开在春天，有的花开在其他季节。当其他花开放的时候不要着急，也许你的花是开在夏天的睡莲，如果到了秋天还没有开放，也不要着急，说不定你的花是傲雪开放的蜡梅。每朵花的绽放都需要一段等待的时间，或长或短。对待学生，尤其是学困生，我们更不要着急。只要我们用心守护，用爱浇灌，就一定能等来它那悄然而至的惊喜。

二十九、教学比武喜讯频传

◎苗雅梅

最近两天，教学比武喜讯频传！群里很多的同事用鲜花、掌声和烟花表示了对获奖教师的真诚祝贺。

建校五年，我校所有学科：语、数、英、科、体、音、美、微，全都参加了市级教学比武，其中语文4人，数学2人，科学2人，微机2人获奖，另外微机、科学、体育学科分别荣获了省级参赛的珍贵机会。

短短五年，这样的成绩可能会让很多人感到惊诧。其实不然，有句话说得特别精辟：机会总会留给有准备的人。五年来，我们一直把教师队伍的建设，教师素质的提升作为学校的头等大事来抓，学科室活动、集体备课、师徒结对、基本功练习、赛课周、教学年会……在不断探索中，我们逐步调整，与时俱进，形成了我校独具特色的研修模式。在日复一日的磨砺与锤炼中，老师们付出了别人无法理解的辛劳与汗水：万家灯火依然加班研讨，夜深人静还在挑灯夜战，镜子前一遍遍演练，办公室里一句句模拟……同样，每一个人的成功都离不开团队的帮助，领导的指导把关，同事的团结协作，一次次试课、磨课、调整、改进，无不浸润着集体的智慧和温暖。

正是怀揣共同的幸福教育梦想，正是有了这样的努力和付出，正是这种坚持不懈的精神，才让我们在众多竞争对手中争取到可贵的机会，攻克一个又一个难关，取得一次又一次的辉煌成就。走在任何一个地方，我们都可以自信地告诉别人：我是幸福六小人！

三十、一步一个脚印

◎师超

今天是这学期第一次上校本课的日子。我也很期待，想看看42名同学的绘画水平如何。其中五年级的学生几乎都是去年跟我学过的，无论是造型，还是构图都上手很快。不明白、不会画的地方，跟他们说一下，他们也很快能领会我的意思。但三四年级就不同了，可能有的同学没在A3这么大的纸上画过画，加上胆子小，有些不太敢下笔，构图不是偏左就是偏右，不是过大就是过小。画了擦，擦了画，画纸弄得黑乎乎的，线条也不够流畅……在绘画中，有趣生动的形象是一张好画的关键。在以后的校本教学中我们应特别注意引导学生有目的地进行观察，如：形状、颜色、结构、姿态、线条的变化等，孩子们的观察能力提高了，绘画水平自然而然地也就提高了。画画靠的是一步一个脚印，多留心观察自然可以得到收获，还会让他们变得更有耐心和专注力。期待他们的进步。

偶然在网上看到了一幅草间弥生的儿童画作品，用色大胆，彩色和黑色的点点形成了鲜明的对比，让人进入一个奇妙的世界。为什么画家的风格是各种点点呢？是什么让画家一直坚持点点的创作呢？于是我再次去网上查了"波点女王"草间弥生的资料。原来，她患有先天性遗传神经性视觉障碍，只能隔着一层圆点状的网模模糊糊地看世界。母亲对她说："要是你能把你看到的圆点都画出来，那么，你的眼睛就会好

了。"于是，她拼命地画她看到的圆点状的网，希望能治好自己的眼病。慢慢地，她画的网状图案和圆点受到外界的关注。经过多年积累，形成了她独特的艺术风格，她还成了前卫的时尚女王。其实波点一直存在于我们的生活里，细心观察，就会发现很多带圆点装饰的物品，如雨伞、床上用品、衣服、鞋子等。其实波点可以装饰我们生活里任何一件物品，我在想这周的校本课主题可以定为"点点的世界"，让孩子们也体会一下点点的奇妙世界。

三十一、用心去读孩子们的画

◎白灵

　　大部分人都认为儿童画很简单，但你真的能"看"懂儿童画吗？也许你觉得能，因为画面会告诉你一切，但每张儿童画在画面之外也许有更多隐含的小故事。我们在每张作品中能够用眼睛看到的，无非是线条、造型、色彩等表面的东西，那么在这张作品的背后，有没有作者的故事和画画过程中的感受呢？很多时候，我们太在乎"术"，而忽略了孩子内心对于"美"的认知。在画月亮这一课时，8班有一个小男孩，画的就是中秋节赏月的场景，不仔细看会觉得他的画面很乱，但当你问他画的是什么，他可以完整地描述出整个画面，就像是在讲故事一样。我觉得可以让每位同学拿出自己的作品讲一讲。我认为听孩子们"讲画"比画画更有趣，愿孩子们都能够插上想象的翅膀去飞翔。

　　著名教育家陶行知说过："教育是心心相印的活动，唯有从心里发出来的，才能达到心的深处。"我们要学会倾听孩子们的声音，平等地对待孩子，给他们发言权，他们才会说出真实想法。我们班的何家乐是一个活泼开朗的小男孩。以前上美术课的时候，他总是眉头紧锁，闷闷地耷拉着脑袋，上课也不爱发言。课后我走到他的身边，轻轻地拍了拍他的肩膀，针对这一现象跟他聊了聊。聊完才发现原来他是太紧张，从小没学过画画，总是担心画不好。以后的美术课，我巡视到他身边，总是会对他多加"关照"，时间一长，慢慢地，他在美术课堂上变得乐观

积极。如果我们不尊重孩子的想法，忽视他们的心声，久而久之，他们会不敢对老师说真话，不爱与老师交流。老师是孩子的榜样，只要我们耐心倾听孩子的话，孩子们才会听老师的指导，这样才会出现令人愉快的课堂效果。

三十二、鼓励式教育

◎闵多

鼓励式教育很重要，鼓励能让孩子更好地学习，还有可能让孩子喜欢上这个老师。我们班的徐同学单词总是背不下来，刚开始我总是严厉地批评他，结果一点作用没有，即使是不情愿地被请到我这背也是没有起色。我突然想，要不换个方式。于是我在课上叫他回答了一个特别简单的问题，随后我立刻表扬："徐同学表现真不错，问题回答得很好。"他的脸上露出了自信的笑容。下课他来到办公室背单词，一节课间只背会两个，如果在以前他肯定会挨批评，但这次我说，"很好，这节课背会两个单词，下节课要是能背会三个就更好了。"他脸上带着微笑离开了。下节课他果然自已就来了，而且背会了三个单词，希望以后能一直坚持，慢慢进步。

生活不是缺少美，还是缺乏发现美的眼睛。我们的生活亦是如此，早晨匆匆忙忙吃过饭，因为孩子的磨蹭，我们下楼晚了两分钟，我的脾气马上要爆发了。上车之后，孩子说："妈妈你快看，今天的太阳是红色的，我画的画实现了。"我抬头看了一眼天上的太阳，果然是红色的，于是让孩子快点拍下来。孩子刚拿出手机太阳就躲进了乌云里，因而没拍成。"妈妈，你快看，太阳换了身衣服又出来了，而且还吃胖了。"孩子惊奇地告诉我。我问她，"怎么换衣服了？""你看，它刚才是红色的，现在变成黄色了，还挺好看。"确实是，现在的太阳变黄了。"那怎么还

吃胖了呢?"我好奇地问孩子。她回答说:"它刚才小,现在变大了,肯定是在乌云里偷吃东西了。"我肯定地说:"应该是这样的。"因为孩子小小的眼睛发现了太阳的美,我一早晨的坏心情烟消云散了,我想孩子的心情应该也很美丽。

三十三、成长是默不作声的

◎王铁君

新学期的开始，伴随着我们班的最多的应该就是成长。看着孩子们逐渐圆润的脸庞和长高的个子，感觉他们真是成长了不少。在学习方面也是一样，我发现大部分学生的自律性"成长"了不少，能够自己预习新知，也能够自己来找我解答疑惑。但是，今天在课堂上我也发现，孩子们的鬼点子也"成长"不少。

开学初，就让他们把英语书包上封皮，没想到一张简单透明的封皮竟然成了他们作案工具。听写单词的时候有人举报说："老师，小X在书皮上写单词。"我一看，小X真的在透明的书皮上印了几个单词，真让人哭笑不得。小X发现有人举报他，下意识地藏书，然后再下意识地离我远了一点。下了课，坐在办公室里，我想到，成长总会有好有坏，学生自己就是内部因素，而外界环境带来的影响也是避无可避的。成长这堂课没有谁能够帮助你完成。你现在所有的行为、习惯甚至是你最终成为的样子，都根源于你自己的成长过程。任何想尽办法的逃避，也就只会让自己成为一个惶恐的只会逃避的小孩，一旦被发现，也就只能原形毕露了。作为教师，这段话我也想送给自己，希望自己能够正视已经面临或者即将面临的问题，并在解决问题的过程中获得成长。另外作为教师，能够做的就是在学生成长过程中遇到困难时，扶一把，但是这根拐杖并不能长久存在，也不能全然帮助解决问题，所以在面临新的问题

或者选择时，还是要靠自己。但是还是希望他们在选择时能够正视自己，坦然面对与接纳。成长都是默不作声的，也希望他们能够默不作声地成长！

后记 温暖我的教育人生

　　翻看教育随笔，很多日常工作的情形又一次浮现在我眼前，内心涌动着难以言说的温暖。

　　生活没有一帆风顺，在所有老师的共同努力下，我们一起熬过了建校初期的艰难岁月。就像四季的轮回一样，再寒冷的冬天也挡不住春回大地的脚步。

　　忙乱的日子就像调味剂，生活中更多的是风和日丽，它常常带给我们温柔和甜蜜。班级文化思想在孩子心中发芽，班级管理走向自主化，我们的德育创新管理初见成效。开学典礼、足球联赛、合唱比赛、冰雪运动会、英语素质大赛、主题画展、舞台剧展演、作文大赛……我们的活动丰富多彩。校本课程百花齐放，孩子们个性张扬，幸福成长。日常集体备课扎实推进，教材研读更加深入，教师队伍素质稳步提升。教研活动生动活泼，期初听课、跟踪听课、赛课周、师徒结对汇报课、教师读书沙龙、诵读比赛……年轻教师如雨后春笋般破土而出，迅速成长，参加省、市、县各级比赛，喜讯频传。我们有了统一的工装，穿起来神采奕奕。我们有了"福香园"，每天中午都能吃到可口的饭菜。我们还会有一场令人期待的新年联欢，载歌载舞，好不愉快……想到这一切，我的嘴角不自觉地开始上扬，心里比吃了蜜还要甜。

　　我希望，不管什么时候，当我读到这些文字的时候，我的心中都会流淌着幸福，让这幸福的印记温暖我的教育人生。

苗雅梅

2022 年 12 月